本当の自分が見えてくる

A GUIDE TO PSYCHOLOGY

心理学入門

渋谷昌三
SHOUZOU SHIBUYA

かんき出版

はじめに

私たちは、鏡や写真を通して自分の顔を認識していますが、自分の本当の顔を直接に見ているわけではありません。

自分が認識している顔と、まわりの人が見ている顔とは違っているかもしれません。

このように、自分のことを知っているつもりでも、わかっていなかったり、間違って見ていたりするかもしれない存在。それが「自分」という存在なのです。

人の心には意識と無意識があります。意識とは「私という人間はこうだ！　と自分でわかっている自分」。無意識とは、「自分では気づいていない隠れた自分」です。

どちらの意識が本当のあなたをあらわしていると思いますか？

それは無意識です。

私たちは普段、自分のことを意識で判断していますが、じつはこの意識は、全体のたった10％程度にも及びません。本当の自分は、心の90%以上をつかさどる無意識が握っています。そして、普通に生活しているだけでは、私たちは本当の自分を知ることができないのです。

「自分が何をしたいのか、どう生きたいのかわからない」
「自分の力を生かしきれていない気がする」
「仕事でもプライベートでも、人とのコミュニケーションがうまくとれない」
「理想の自分と現状の自分がかけ離れていて、悩みが尽きない…」

さまざまな機関やカウンセリングの場でこういった相談が年々増えていますが、それは本当の自分を正しく知ることができていないからです。世の中には、うまくいく人とそうでない人がいますが、うまくいく人は、本当の自分を正しく知っている人です。

心理学は、無意識を探り、自分では気づいていない隠れた自分を知ることのできる学問です。心理学を入口として、あなた自身の短所や長所、性質やクセ、強みや好きなことをしっかり把握していれば、自分の力を気持ちよく発揮して、生きていくことができるのです。

「自分らしく生きるために、本当の自分を知りたい！」
「強みを生かしてもっと自分を成長させたい！」
「仕事でもプライベートでも、自分の心に正直に生きたい！」

そう思っているなら、ぜひあなた自身を正しく知るところからはじめましょう。

本当のあなた自身を知ることで、かならず道は拓けます。

本書が、その一助となれば幸いです。

２０１３年　11月　渋谷昌三

本当の自分が見えてくる
心理学入門
Contents

CONTENTS

第1章 外見・趣味から見えてくるあなたの心理

この章では、あなたの性質や特徴がひと目でわかるよ♪

第2章 しぐさ・振る舞いから見えてくるあなたの心理

この章では、自分のしぐさや振る舞いのクセを客観的に知ることができるよ

人の心を読みとるときにも役立つよ♪

第3章 思考グセや悩みから見えてくるあなたの心理

CONTENTS

この章では、あなた自身の思考回路を探ることができるよ

第4章 対人関係から見えてくるあなたの心理

カバーデザイン 井上新八
イラスト・DTP 石山沙蘭

序　章

本当のあなたが見えてくるエゴグラム・チェックリスト

自分を知るための「エゴグラム」テスト

心理学の世界では、自分を知るためによく「エゴグラム」という手法を使います。エゴグラムは性格のタイプや、あなたのコミュニケーションの傾向をつかむうえでも役に立ちます。
人には５つの心があるといわれています。

1 CP（父親のような批判的な心）

信念・理想重視、支配的、批判的な態度や行動が多い

ログセの例「こうあるべきだ」「当然〜だ」
「私の言うとおりにしなさい」など

2 NP（母親のような保護的な心）

親切、思いやりのある保護的な態度や行動が多い

ログセの例「○○さんに〜してあげよう」
「わかるわ」「私にまかせて」など

3 A（大人の自我状態の心）

理性的、平等、冷静、分析的、客観的な態度や行動が多い

ログセの例「なぜそう思うのですか？」「その根拠は？」
「私の意見は～です」など

4 FC（自由な子どもの心）

自由奔放で、情緒的、本能的、感情的な態度や行動が多い

ログセの例「わぁ！」「すごい！」「うれしい！」など

5 AC（順応した子どもの心）

従順、控えめで、周囲からの評価を気にした態度や行動が多い

ログセの例「どうせ私は…」「私さえ我慢すれば」
「わかってくれない…」など

エゴグラム・チェックリスト

以下の質問に、はい○、どちらともつかない△、いいえ×のようにお答えください。ただし、できるだけ○か×で答えるようにしてください。 採点方法：○２点　△１点　×０点

			○	△	×
CP（16）点	1	待ち合わせ時間はかならず守ります。	○		
	2	他人を厳しく批判しがちです。		○	
	3	人の言葉をさえぎって、自分の考えを述べることがあります。		○	
	4	小さな不正でも、うやむやにしません。	○		
	5	よく「〜すべきである」「〜ねばならない」という言い方をします。		○	
	6	理想をもって、努力するタイプです。	○		
	7	社会の規則、倫理、道徳を重視します。	○		
	8	人に対して責任感を強く求めます。	○		
	9	後輩や子どもに教えるときは、厳しく接するほうです。		○	
	10	権利を主張する前に義務を果たすほうです。	○		

			○	△	×
NP（　）点	1	他人に対して思いやりの気持ちが強いほうです。	○		
	2	義理と人情を重視します。	○		
	3	相手の長所によく気づきます。	○		
	4	他人から頼まれたらイヤとは言えません。	○		
	5	子どもや他人の世話をするのが好きです。	○		
	6	融通がきくほうです。		○	
	7	子どもや後輩の失敗に寛大です。		○	

			○	△	×
	8	いつも相手の話に耳を傾け、共感します。	○		
	9	料理、洗濯、掃除など家事は好きです。		○	
	10	社会奉仕的な仕事に参加するのが好きです。	○		

			○	△	×
A（7）点	1	自分の損得を考えて行動するタイプです。	○		
	2	会話で感情的になることは少ないほうです。			○
	3	物事に対しては、よく分析的に考えてから決めます。		○	
	4	他人の意見は、賛否両論を聞いたうえで、参考にします。		○	
	5	何事も事実にもとづいて判断します。	○		
	6	情緒的というより、論理的なほうです。			○
	7	物事の決断を苦労せずに、すばやくできます。			○
	8	効率的にテキパキと仕事を片づけていくのが得意です。		○	
	9	先（将来）のことを冷静に予測して行動するタイプです。			○
	10	体調の悪いときは、無理をしないほうです。			○

			○	△	×
FC（2）点	1	自分をわがままだと思います。		○	
	2	好奇心が強いほうです。	○		
	3	娯楽や食べ物を満足するまで求めるほうです。	○		
	4	よく、言いたいことを遠慮なく言ってしまいます。		○	
	5	欲しいものは、手に入れないと気がすみません。		○	
	6	「わぁ」「すごい」「へぇ～」などの感嘆詞をよく使います。	○		
	7	直感で判断することが多いタイプです。		○	
	8	興にのると度を越えて、はめをはずしてしまいます。			○
	9	怒りっぽいほうです。		○	
	10	涙もろいほうです。		○	

			○	△	×
AC（16）点	1	他人の顔色や言うことが気にかかるほうです。	○		
	2	自分の感情を抑えてしまいがちです。	○		
	3	思っていることを口に出せないほうです。	○		
	4	人から気に入られたいという思いが強いほうです。	○		
	5	遠慮がちで消極的なところがあります。		○	
	6	自分の考えを通すより、妥協することが多いほうです。		○	
	7	他人の期待に沿うよう、過剰な努力をする傾向があります。		○	
	8	つらいときには、よく我慢します。	○		
	9	劣等感が強いほうです。	○		
	10	「自分らしい自分」「本当の自分」から離れているように感じます。		○	

●この表に得点を書き込んでください。　採点方法：○2点　△1点　×0点

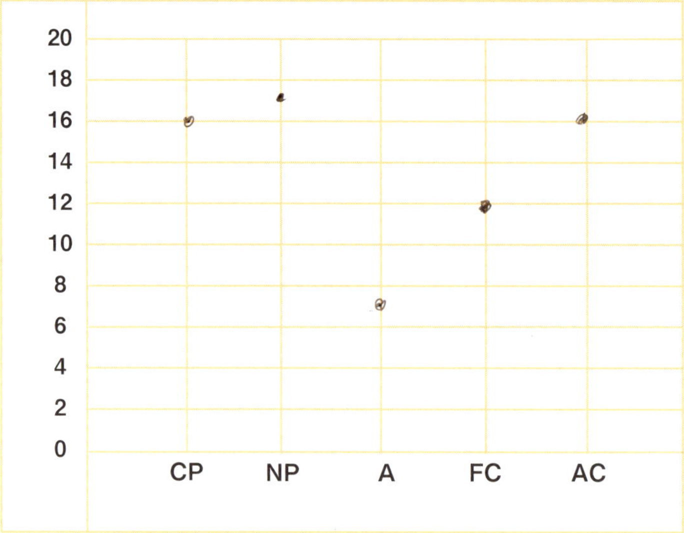

ジョン・M・デュセイの「性格診断法」をもとに言葉を変えて作成

エゴグラムの読み方

点数が高かったときのプラス面とマイナス面は下記の通りです。

CP

プラス面（＋）… 義務感や責任感が強い努力家。ルールを守って理想を追求するタイプ。
マイナス面（−）… 批判的で、何事も思い通りにしないと気がすまない。自分にも他人にも厳しいタイプ。

NP

プラス面（＋）… 世話好きで、面倒見がよい。弱い人をかばい、奉仕の精神がある。相手に共感することが多いタイプ。
マイナス面（−）… 過保護で過干渉になりやすいタイプ。人を甘やかし、依存させてしまうことがある。

A

プラス面（＋）… 冷静で、理性的。事実にもとづいて客観的に物事をみるタイプ。
マイナス面（−）… 機械的・打算的なタイプ。

FC

プラス面（＋）… 好奇心旺盛で創造性豊か。直感を大事にするタイプ。
マイナス面（−）… わがままで自己中心的。感情的で、短気なタイプ。

AC

プラス面（＋）… いい子で従順。慎重で協調性に富むタイプ。
マイナス面（−）… 遠慮がちで感情をため込みやすく、自分を責めて落ち込みがちなタイプ。

第1章

外見・趣味から見えてくるあなたの心理

顔や身体の特徴から見えてくるあなたの性質

顔や身体から、あなたがもっている気質や性質が見えてきます。ここでは、それぞれにどんな特徴をあらわしているかご紹介します。

顔

顔が大きい

積極的、親しみやすい、気長、親切、外向的、知的でない

丸顔

積極的、心が広い、感じがよい、親しみやすい、親切、外向的、知的でない

額が広い

積極的、心が広い、分別がある、責任感がある、感じがよい、親しみやすい、気長、知的、外向的

目

目が丸い

積極的、心が広い、感じがよい、親しみやすい、親切、外向的

下がり目

心が広い、感じがよい、親しみやすい、気長、親切、積極的でない、知的でない

大きい目

積極的、心が広い、感じがよい、親しみやすい、外向的

鼻

鼻が高い

積極的、分別がある、知的、親しみにくい、気長でない

鼻の穴が小さい

知的、積極的でない、外向的でない

鼻がまっすぐ

感じがよい、親しみやすい、知的

口

口が大きい

積極的、心が広い、外向的、分別がない

唇が厚い

心が広い、責任感がある、親切、知的でない

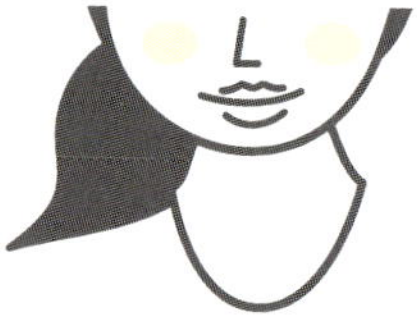

口元が引きしまっている

積極的、分別がある、責任感がある、感じがよい、知的、気長でない

身体

太っている

心が広い、感じがよい、親しみやすい、気長、親切、外向的、知的でない

背が高い

積極的、知的、外向的、親しみにくい

骨太

積極的、心が広い、責任感がある、親しみやすい、親切、外向的、知的でない

文献：大橋正夫ほか、「相貌と性格の仮定された関連性」、名古屋大学教育学部紀要、1976年、1977年。

髪型にあらわれるあなたの性格

髪型へのこだわりは、その人の性格をあらわします。
あなたはどのタイプに当てはまるでしょうか？

流行の髪型をしている人

・世の中の波にすぐ乗れるタイプ
・人の意見に流されやすい傾向がある

この傾向があまりに強い場合、アイデンティティが確立されていない状態といえる

自分のスタイルにこだわる人

・生き方や意志がはっきりしている
・自分に似合う髪型を知ったうえでこだわる人は、仕事ができる
・外見にかまうのが面倒で手抜きをしている場合は、頑固度が高い傾向も

髪の薄い人

・活動的で決断力があるタイプ
・あまり人に弱みを見せない傾向がある
・発想が男性的で、周囲から「男らしい」と評される

白髪の男の人

・現在の自分の年齢や状態を肯定的に受け入れている
・精神的に成熟している
・包容力のあるタイプ

白髪を染めている人

・他人に認めてもらいたいという気持ちが強い
・歳を重ねている自分を認めたくない
・現役で若々しくいたいという思いが強い

髪型ひとつでその人の印象はがらっと変わるよ。
自分を変えたい人は、自分に似合う髪型を追求するといいね

好みの色で
あなたの本質が見えてくる

色には、人の本質があらわれます。あなたの好きな色は何色ですか？どんな色が好きなのかによって、いまのあなた自身が浮き彫りになります。

青

・内向的
・客観的に物事をとらえて判断するため、まわりから信頼されている
・人生設計を真面目に考える傾向がある
・目標に向かってコツコツと実現させていく
・言いたいことがなかなか言えない一面も

赤

・出世欲、権力欲が強い
・外向的で自分をアピールすることをためらわない
・主張が強すぎると、ときに人から敬遠されることも

紫

- 自尊心が強い
- 人からバカにされることを嫌う
- 趣味が高尚で、芸術的な才能をもっている

緑

- 堅固さ・自負心・優越感の象徴
- 我慢強く、堅実なタイプ
- 男性の場合は話しベタの傾向も

黄

- 暖かさ・明朗さの象徴
- 変化を好むタイプ
- 理想を追い求める勤勉家
- がんばりすぎて周囲になじめないことも

黒

- 拒否・断念・不安の象徴
- 思うようにならない現状を変えようとするタイプ
- 努力家
- もったいぶった性格
- 飽きっぽい一面も

茶

- 暖炉・家庭・安定・安全性の象徴
- 協調性があり、人づきあいのよいタイプ
- 自分の意見を曲げない頑固な一面も

青が嫌い

・自分はこの世で一番不幸な人間だと考えている

赤が嫌い

・自分の努力が報われていないと思っている
・挫折感・無力感がある

紫が嫌い

・無口で孤独、妥協ができないタイプ
・自分の心に正直に生きている
・縦社会や建前で生きるのが苦手

緑が嫌い

・自分が周囲から認められていないと思っている
・まわりの人に見る目がないと感じている

黄が嫌い

・現在の生活に失望している
・夢や希望を失った過去がある

黒が嫌い

・人から命令されることを嫌う
・権力アレルギータイプ
・自分の思うとおりにやりたいという気持ちが強い

茶が嫌い

・みんなに認められたい気持ちが強い
・もっと目立ちたいと思っている

好きな色が変わっていくこともあるよね。
それはあなた自身の性格が変わっているということをあらわしているよ

好きな本のジャンルでわかる
あなたの仕事のスタンス

好きな本のジャンルでは、あなたが仕事に対して、どんなスタンスをもっているかが見えてきます。順にみていきましょう。

ベストセラー本好き

・思いついたことを即実行できる行動力がある
・現実的なパワーをもっている
・幅広い人脈を築ける
・権威を嫌う傾向がある

このタイプがうまくいくには、上司や目上の立場の人と、信頼関係を築けるかどうかが鍵

古典好き

・権威に弱い
・社会的に影響力の強いものに惹かれる
・型を大切にする優秀な頭脳の持ち主
・新しい価値観や新しいアイデアを推し進めるタイプではない

歴史書好き

- ロマンを大切にするタイプ
- 胸に野望を秘め、出世欲が強い
- 男性性が強い

歴史小説は、人が心の中にもっている攻撃心を刺激してくれる。歴史上の人物に自分を投影してヒーローの気分を味わいたいという気持ちがある

ビジネス書好き

- 根が真面目
- 自分のビジネスを何とか軌道にのせたいと思っている
- 前例から学ぼうとする意識が強い
- 何かに苦手意識のあるコンプレックスの強い人も多い

ビジネス書は、読むだけでなく実行に移してはじめて「実」になる。読むだけで満足している人はなかなか結果を出せない傾向がある

本は知らない世界を教えてくれる
素敵なツールだよね。
この本を選んでくれてありがとう

会話のクセから見えてくる性格タイプ

会話のクセには、その人の深層心理があらわれます。あなたにも当てはまるものがあるでしょうか？
代表的なものを順にみていきましょう。

他人の話を聞くだけで自分からは話さない人

・自己防衛タイプ
・他人を信頼していない
・何らかの形で他人を信頼できないと思った出来事がある場合が多い
・本当は人一倍自分のことを話したいと思っている

このタイプの人は根っこでは寂しがり屋のことが多いよ

不平不満を口にしがちな人

・完璧主義
・言っていることはおおむね正論であるものの、理想論が多いため、思うように評価はされない
・「～べき」「当然～だ」というログセが多い
・他人に対して過度な期待がある

表情が険しくなる分、年齢より老けて見えるがこのタイプの特徴だよ

昔話ばかりしてしまう人

・現状がうまくいっていない
・「いまがんばろう」という向上心や、情熱を傾けられるものがない状態
・認められたい気持ちが強い
・年齢より老けて見えることが多い

年齢を重ねても新しいことに挑戦している人は若々しくて輝くものだよね

話題の好みから読みとれる深層心理

どんな話題が好きかによって、その人の心の奥にあるものが浮き彫りになります。
あなた自身の会話のクセと照らし合わせてみてください。

次々と話題の変わる人

・常識を超えた発想の転換が得意
・新しいアイデアを思いつくことに長けている
・実務スキルがあまり強くないため、そういったスキルに長けている人と組むとうまくいく

セックスや性的な話題を嫌う人

・セックスに対する抑圧がとても強い
・セックスを罪悪視している
・親や家庭の雰囲気で、この思いグセが培われている

性的な話題を嫌う人の深層心理
「自分にも性的な部分はある→認めないわけにはいかないけれど、認めたくない→あからさまに人から話題を出される→激しい嫌悪感を感じる」

血液型の話が好きな人

・対人関係に不安を抱えている
・人の思惑が気になるタイプ
・物事や人をカテゴリー分けしたり、単純化して考えるクセがある

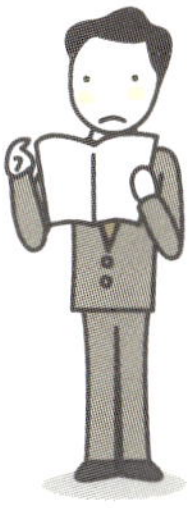

「相手がどんな人なのか予測不能なとき、血液型を知っておくと、相手をわかった気になって安心する→対人面への不安が解消される」
これが、このタイプの人の深層心理

自分でわからない場合は、まわりの人に聞いてみよう

言葉づかいからにじみ出る対人関係タイプ

言葉づかいからは、あなたの対人関係のクセがあらわれます。
どのような特徴があるのか、確認してみましょう。

親しくなっても敬語を使う人

親しくなっても敬語を使い続ける人には、原因が3つ考えられます。

1　相手にあまり好意をもっていないから
2　目上の人や地位の高い人だから
3　他人への警戒心が強いから

他人への警戒心が強いというのは、他人とかかわり合うのを恐れて、常に一歩距離を置いている状態です。誰かが親しくしようと思って歩み寄ってきても、逃げ腰になってしまいます。
もしあなたが人から「丁寧すぎるよね」と言われたら、語尾をやわらかくしたり、少しずつ敬語をはずしていくといったことを心がけてみましょう。

あまりに丁寧すぎる言葉づかいをする人は、自分自身に強いコンプレックスをもっていることも

すぐになれなれしい言葉づかいをする人

すぐになれなれしい言葉づかいをする人にも、原因が3つ考えられます。

1　人間関係の距離感がつかめていないから
2　目上の人や地位の高い人との接点がないから
3　他人への警戒心がないから

人から裏切られたことや、人間関係で傷ついた思いをしたことがない人は、他人に対してとても親しげな態度をとる傾向があります。相手が自分のことをどう思うのか、どのように関係を築いていくのがよいのかということに、あまり関心がありません。
ただ、このタイプの人は、自分が相手から親しげな態度をとられても、気分を害したりはしないので、気の合う人からすれば、開放的で親しみやすい人だととらえてもらえます。

ことさらに出世を狙ったりしない人に、
このタイプの人が多い

言葉づかいひとつでその人の
印象ってかわるよね

寿司屋でわかる
あなたの仕事の進め方タイプ

あなたは寿司屋でどんなふうに注文しますか？
仕事の進め方やタイプが見えてきます。

メニューを職人におまかせする

・基本的に相手を信頼して仕事を進めるタイプ
・相手がベストを尽くしてくれることを期待している
・自己主張が弱い一面も

自分自身の考えをもったうえで、相手にまかせられる人は、とくに仕事に有能といえる

自分でメニューを決める人

・プロジェクトや作業工程の最初から最後までを自分の組み立て通りにしたいタイプ
・自分のやり方にこだわりがある
・仕事が自分の計画通りに進まないと、我慢できない

食べ方には本能があらわれる

人間の３大欲求のひとつである「食」への向き合い方には、その人の本能があらわれます。たとえば、好きなものを最初に食べる人は、人生の楽しみを後悔なく謳歌したいタイプです。この先何が起こるかわからないのだから、楽しみやよろこびは前倒ししたいと思っているのです。
一方、好きなものを最後に食べる人は、苦しみの果てに得られるものがあると考えており、目標達成型といえます。
寿司屋では、好きなものをはじめに自由に頼むことができるので、とくに食の欲求を満たしやすいもの。どんな注文の仕方をするかで、本能が浮き彫りになります。さて、あなたはどちらのタイプでしょうか？

人間の３大欲求は、食欲・性欲・睡眠欲

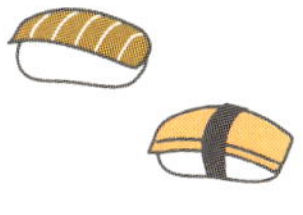

トロをはじめに食べる人は、世の中の常識や尺度を価値観にしていて、過度に冒険を好まないタイプ。卵焼き好きは、繊細な性格の持ち主で、女性性が強いタイプだよ。卵焼きって、意外と男性に人気がないんだって！

行きたい国から見えてくる あなたの価値観

どの国が好きかで、あなたの仕事や人生における価値観がわかります。成長するために、あなたは何を重視しているのでしょうか？

南の島

・現実逃避型
・人生にリフレッシュが必要と考えるタイプ
・都会のビジネスや人間関係の喧騒に疲れがち

香港

・上昇指向型
・買い物好き、おいしいもの好き
・リッチな気分を味わいたい気持ちが強い

ヨーロッパ

・伝統指向型
・歴史を重んじ、重厚で古い文化に憧れを抱いている
・社会的に信頼のあるステイタスを得たい気持ちが強い

アメリカ

・未来指向型
・新しいもの、トレンド情報に詳しい
・裸一貫でのし上がりたい気持ちが強い

インド

・内面追求型
・自分の内面をしっかり見つめたいという気持ちが強い
・目に見えない世界、精神世界に惹かれている

反対に、インドにまったく興味のない人は現実を重視するタイプだよ

煙草から見えてくる
アイデンティティ確立度

煙草を吸うという行為は親離れの儀式で、アイデンティティに関連しています。どんなふうに煙草を扱っているかどうかで、あなたのアイデンティティ確立度がわかります。

若いときに吸っていたがやめた人

- 自信家
- 自我の発達がすみやかで、親離れがスムーズにできている
- 計画的かつ責任をもって仕事ができる

口が寂しくてときどき吸うことがある人

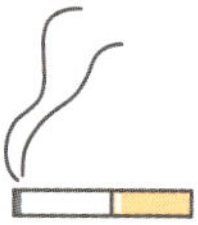

- 日常的に、不安がよぎったり、緊張することがある
- 自分探しの途中である人が多い

ヘビースモーカー

- 依存心の強い人
- 人からの評価を過度に気にする傾向がある
- 不安を打ち消すために煙草を吸うという連鎖を繰り返している

国産銘柄の煙草を吸う人

・周囲に溶け込みやすいタイプ
・過度に目立つことを好まない
・現状に満足していれば、積極的に新たな挑戦をしようとはしない

外国銘柄の煙草を吸う人

・「自分はこうありたい」という理想が強い
・いきすぎると見栄っ張りでキザになることも
・海外への憧れや、こうなりたいというモデルがある

いろいろな新しい銘柄を試す人は、新しいことを探し求める傾向があるよ。
吸っていいかどうか相手に確認する人は、相手に礼儀を尽くせる人。相手の了承を得ずに勝手に吸ってしまう人は、私生活においても自分勝手であることが多いといえるよ。
一方、吸っている人に対して、何も言わずに嫌な顔をするだけの人は、言葉で自分の気持ちを伝えたり、場の空気を円滑にすることが苦手な人。にこやかに吸わないでほしいと伝えられる人は、公私ともにコミュニケーション上手だよ

好き嫌いの好みがはっきり分かれるものだからこそ、人間性が浮き彫りになるんだね

カラオケ好きかどうかでわかる あなたの性質

根強い人気のカラオケでも、あなたの性質がわかります。
あなたはどの項目に該当しますか？

カラオケが好きな人

- 主役になりたい気持ちが強い
- ストレスを明るく発散したい
- 人の目よりも、自分の満足感を大切にする

カラオケが嫌いな人

- プライドが高い
- はめをはずして騒ぐことがない性格
- 面倒見がよく親分肌であることも
- 一人ひとりとじっくり話すのが向いている

ヒット曲ばかり歌う人

- 注目を浴びたい気持ちの強い人
- ほめられて伸びるタイプ
- わかりやすいものに惹かれる
- 歌だけではなく、服装や髪型も流行を追う傾向がある
- 人の気をひけるかどうかを判断基準にしている

演歌が好きな人

- 感情豊かでその気になりやすいタイプ
- 私生活でもドラマチックなムードに弱い
- 悲劇のヒロインタイプ

演歌が嫌いな人は、感情に流されるのを嫌うタイプ。物事を理性で判断する傾向があるよ

ランチでわかるあなたの協調性

人と連れ立ってランチに行く際にも、あなたの性質がわかります。
ここではとくに協調性に焦点を当てて解説します。

そば好き

- 協調性がある
- 誰とでもうまくやっていきたいタイプ
- 考え方に柔軟性がある
- まとめ役には適しているが、自分の意見を通すのは苦手

全体の調和を大切にするため、反対意見が出たときに苦労する点も

そば嫌い

- エネルギッシュな行動派
- 動いていないと落ち着かない
- 好奇心旺盛
- 自分の意見を通したい気持ちが強い

全体の調和より自分の意見を大切にするため、周囲を振り回してしまうことも

レストランでの注文の仕方から見えてくるもの

レストランで同じものをシェアして食べる人たちは、多数意見に同調しやすいタイプといえます。
人数が少なくても同調してしまう人ほど、仕事でも NO を言わない人です。会社の意向や上司の命令、全体の調和を大切にします。
一方、ほかの人が同じものを頼んでも、自分の好きなものを注文する人は、個人主義タイプです。自分がどう思うか、自分の価値観はどうかということを大切にしつつ、多数意見より客観性を重視します。
人数が多くても自分が食べたいものを食べる人ほど、独立型といえますね。

あなたのまわりの人はどんな傾向があるのか、観察してみるのもおすすめだよ

ゴルフ好きかテニス好きかで見えてくる向上心度

どんな趣味が好きなのか、その趣味にどんなふうに取り組むかということにも、人の性格傾向があらわれます。あなたはゴルフ派、テニス派のどちらでしょうか？

ゴルフ好き

- 一歩一歩向上することによろこびを感じる体育会系型
- 人の見ていないところでも地道にトレーニングする
- 結果を実感したいタイプ
- 仲間がいなくても頑張れる

スコアで数字として上達度が見てとれることから、ゴルフでは練習を積む人が多い

テニス好き

・楽しむことを大切にする大学サークル型
・趣味が幅広い
・ひとつのことをとことん追求するより、いろいろなものに興味を向けるタイプ
・仲間がいたほうがやる気がでる

目に見えてうまくなったという数字がない分、場を楽しむということに重きを置いている人が多い

このタイプにはみんなでわいわいするのが好きな人も多い

このページで紹介した傾向は、プロや選手でなく、趣味としてスポーツに触れている人によくみられるよ

第2章

しぐさ・振る舞いから見えてくるあなたの心理

足の動きにあらわれる
あなたの本心

人は自分の心を悟られないように、表情や上半身の動きには気を配りますが、足の動きまではなかなか隠すことができません。あなたの本心は足の動きに出やすいのです。

●貧乏ゆすりをする

・自己中心タイプ

・精神的な緊張をやわらげている

・世の中に対して欲求不満な気持ちをもっていることも

・会話の最中にあらわれたら、拒否・いらだちのサイン

足を細かく震わせて脳に振動を伝えることで、緊張やストレスをやわらげるはたらきをしている

●足首をクロスさせて座る

子どもっぽく、夢見がちでロマンチストの傾向がある

●左脚を上にして組む

積極的でオープンな性格。自分のペースを大切にするタイプ

●右脚を上にして組む

どちらかというと内気で、消極的なタイプ

●脚をドア側に向ける

話を早くおわらせたいという心理のあらわれ

●脚を前に投げ出す

退屈しているときのサイン

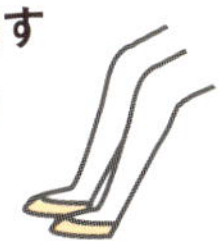

●脚をしきりに組み替える

退屈しているため、気分を変えようとしている

●脚をまっすぐに閉じる（男性）

・相手に踏み込まれたくない気持ちがある

・「私をあなたに開示しない」のサイン

●脚を開いている（男性）

相手に心を開放し、好意を示している

●両脚をそろえて傾ける（女性）

プライドの高い自信家で、自分を上品に見せたい

人の心を読みとるときにも役立つよ

何気なくしているあなた自身の足の動きに注目してみよう

手にあらわれるYESとNOサイン

人間の感情は、手の癖となってあらわれます。ここでは、あなたが意識している手のしぐさが、具体的にどのような気持ちをあらわしているのかをご紹介します。

YESのサイン

テーブルの上で両手を広げている

話を受け入れようとしている。「僕たちのことを話そう」というアプローチ

テーブルの上のものを片づけたり、ナプキンでテーブルをふいたりする

話に興味を示し、もう少し話をしようというサイン

手のひらを見せる

自分のテリトリーに相手が入っていいというサイン

あごをさすっている

相手の話に同意したり感心しているサイン

あなたがよくしてしまっているしぐさはどれかな？

NOのサイン

腕組みする／両手を後ろで組む

自分のテリトリーへの侵入を拒むサイン

鼻の下に手をあてる

話している相手を疑っている

鼻の脇をこする

不愉快に思っているサイン。「疑い」「拒絶」「不快」の意味をあらわす

頬に手をつく

人のミスを探している、あるいは相手の話に反対しようとしている

話をしているとき、テーブルの上でこぶしを握っている

相手の話に納得できないしるし。内心では怒っていたり、不愉快に思っている

テーブルの物をいじったり、指やペンでテーブルをトントンたたく

話を聞いていなかったり、早く切り上げたいと思っているサイン

ペンで相手を指す

相手をバカにしている。人を自分の下に見ることで優越感を感じている

相手に失礼な態度をとっていないか確認するためにも知っておこう

あなたの心が不安定なときにあらわれるしぐさ

無意識に手をどこにもっていくかによって、人の深層心理が明らかになります。ここでは、あなたの心が不安定なときにあらわれる手のしぐさについて、触れておきましょう。

●ほおづえをつく

・満たされない毎日を送っている
・ほおづえをつくことで、愛する人たちになぐさめてもらったような気持ちになっている
・退屈のサイン

ほおづえは、自分をなぐさめてくれる母親や恋人の代償

●髪の毛をさわる女性

・精神的に不安定な状態
・誰かに優しい言葉をかけてもらいたい
・イライラしているときや後悔することがあるときにもみられる

大学生に行ったある調査では、手で自分の身体に触れるクセは男性で54%、女性で70%にものぼったという

自分で自分の身体に触れることを「自己親密性」といい、なぐさめてくれる人がそばにいないときの代替行為として行うことが多い

●頻繁に唇にさわる人

・心が不安定
・落ち着きたいという心理のあらわれ
・精神的にまだ幼い面がある
・甘えんぼう気質
・いつも何かに寄りかかっていたいタイプ

唇を指でさわるのは、おかあさんのおっぱいに感じた安心感を再現するため

●爪をかむ人

・不安定な状態がとても強い
・爪の先がギザギザになっている人は、かなり強いフラストレーションを抱えている
・自立できていない人が社会に出なければならないときに、このクセが出やすい
・いつも何かに寄りかかっていたいタイプ

指の関節をかむ人も、爪をかむ人と同様の心理状態の人に多い

●指をならす人

・落ち着きがないタイプ
・ペンをカチカチならす人も同じタイプ

●鼻に手をあてる人

・緊張していたり自分を表現することに戸惑っている

視線の使い方でわかる あなたの性格

話すときに、たびたび視線を合わせる人がいるかと思うと、伏し目がちでほとんど目を合わせない人がいます。あなたはどのように視線を使っているでしょうか？

相手と視線をよく合わせる人

一緒に仕事をしたり、勉強したりするとき、相手と視線をよく合わせる人ほど、他人と一緒にいたいという親和欲求が高い。
この欲求の高い人は、いつもまわりに人がいないと落ち着かないので、ひとりになることを嫌う。ひとりになると、友人に長電話したり、喫茶店に呼び出したりすることが多い。

相手の目をじっと見る人

競争するような場面で、相手の目をじっと見る人は、相手を支配しようとする欲求の高い人である。「カエルをにらむヘビ」のように、相手をにらみつけることができる人が上位者（あるいは、力がある者）だといえる。

一般に、女性のほうが話し相手と視線を合わせることが多いが、これは、女性は親和欲求が高く、支配欲求が低いためであると考えられている。

自分の話は短く、たくさんの周囲の人を見る人

周囲の人の反応に気をつかい、周囲の人の行動に影響されやすい人は、話を短くし、より多くの相手を見る。
周囲の人の様子に気を配るので、目がキョロキョロと落ち着かない。

いつも視線（目線）の位置に迷ってしまう人は、対人関係にも迷いがあるのでは？

そのほか

・依頼心の強い人は、視線をよく合わせる。

・外向的な人は、内向的な人より相手を見る頻度が高く、手を見ている時間も長い。

・攻撃的な人は攻撃的でない人に比べ、相手から見つめられたときに3倍も躊躇するという報告がある。

・抽象的方法で考える人は具体的な方法で考える人より、より多くの相手を見るといわれている。

相手によって視線の合わせ方を
変える場合もあるよね。
視線は心の状態と連動している
んだよね

視線で印象も変わる

視線をしっかり合わせて話してくれた相手と話し終わったあとで、ほのぼのとした心地よい余韻を味わうことがありませんか？
アメリカでこんな実験が行われました。同じ人が、相手によって、「しっかり視線を合わせて」、あるいは、「ほとんど視線を合わせないで」、しばらくのあいだ話をします。話し終わったあとで、この人についての印象をたずねました。そうすると、視線をしっかり合わせて話した相手は、この人を「信頼でき、快活で、親しみやすく話しやすい」と評価しました。
相手に視線を合わせるだけで、自分の印象が大きく違ってしまうものなのです。視線を合わせるのが苦手という人は多くいますが、「目を合わせないと損することもある」ということを知っておきましょう。

「目は口ほどにモノをいう」というのは本当なんだね

手の位置のクセから見えてくるあなたの印象

あなたは普段、どこに手を置くクセがありますか？
手を身体のどの位置に置くかによって、あなたの心理状態が浮き彫りになったり、人から受ける印象が変わります。

片手を相手のほうに突き出して話す人

・支配的で自己顕示的
・話の主導権を握ろうとしているように見られる

片手を後ろにまわす人

・両手に力を入れて下に伸ばすこともある
・控えめな態度
・地位が低いと見られがち

腕を組む人

・不安や緊張がある
・自己防衛的で自分を開示しない人だと見られる

両手を腰に当てる人

・5人の中でもっとも自己中心的
・横柄だととらえられる

両手を後ろに回して握る人

・もっとも控えめ
・地位が低いとみなされる

手を身体の後ろにまわしている人は、自らを縛るポーズをとることで、「相手の意のままになる」とアピールしていることになります。話をしているときの手の動きから、あなた自身の心理状況がわかったり、目の前にいる人の状況を把握することもできます。

気づくとつい口に
ものを入れる人の性質とは？

仕事中でも、プライベートでも、口にものを入れるのがクセになっている人がいます。これは、状況によっては相手に「失礼だ」と思われてしまうことがありますが、心理学の観点からとらえれば、緊張をやわらげるという理にかなった行為といえます。

よくガムを噛む

ガムを噛むことは、赤ちゃんの指しゃぶりの名残です。
指しゃぶりは、単に空腹感を解消するために行われるのではありません。指をしゃぶることによって、ある種の安心を得るという心理効果をもたらします。それは、母親の乳房を吸っているときの安心感と同じもので、乳首を含んで母乳を飲み、食欲を満足させることばかりでなく、愛情あふれる母親の腕に抱かれるときの心地よさまでも感じさせる擬似的な行為なのです。

よく無性にものを食べる

ストレスがあると無性にものを食べたくなる人がいます。これは、とくに女性に多く見受けられ、過食症のきっかけになることもあります。
こういった人は、空腹を満たすために食べるのではありません。口にものを入れて、口の中で転がすことが心地よく、満足感を得るのです。これも、形を変えた指しゃぶりといえます。

よく煙草を吸う

煙草を吸うことも、指しゃぶりと同じような心理的意味があります。愛煙家が禁煙をしたときに感じる物足りなさやイライラ、禁断症状などは、煙草をくわえることで解消していたマイナス心理なのです。

ガムを手離せない人、頻繁にものを食べずにいられない人、愛煙家の人たちは、何らかの緊張感やストレス、不安感を常に抱えている人と考えることができるね

Column

誰が本当の自分？多重人格の世界

本人には自覚がない

イブ・ホワイトは25歳で、慎み深く、控え目な性格の女性。ところが彼女の日常に、正反対の性格、イブ・ブラックが、ときどき顔を出すようになった。このイブ・ブラックが顔を出すと、突如としてまったく別の人格に豹変する。その後さらに、第三の人格であるジェーンが出現するようになり、この人格が中心的な存在となった結果、ホワイトとブラックはやがて消滅してしまう。ジェーンはその後に、自殺未遂を引き起こした——。

これは、多重人格のもっとも有名な実例で、「イブの症例」と呼ばれるものです。このように、ひとりの人間の中に複数の人格が入れ替わり立ち替わり現れて、お互いに独立した人格として振る舞うのが「多重人格」と呼ばれるものです。人格が2つだけの場合は「二重人格」といい、現在では「解離性同一性障害」と呼ばれます。

多重人格は、無意識に押し込められた欲望や観念が、何らかの出来事やきっかけで活動をはじめ、やがて独立した人格となって表出し、一時的に本来の人格と入れ替わることによって起こるとされています。多重人格の特徴は、この本来の人格でないものが顔を出すとき、その人自身がまったく別の人間になってしまい、そのことを本人自身も記憶していないというところです。

人格は年齢・国籍・性別さえ異なることも

スティーブンソンの小説『ジキル博士とハイド氏』は、二重人格を描いた小説として知られています。ダニエル・キイスの『24人のビリー・ミリガン』（早川書房）という作品も有名ですね。

事実にもとづいて著されたこの作品では、連続強姦事件の容疑者として逮捕されたビリー・ミリガンという青年の内部に、性格や知能ばかりか、年齢、国籍、性別さえ異なる24もの人格が存在したという驚くべき事実が報告されています。

「どうせ私なんて」と自分を卑下してしまう人の心理とは?

卑下するのは周囲から好意や援助を引き出すため

「どうせ私なんて」
「でも私はこんなふうだし…」
「私は、本当に仕事が遅くて」

…あなたはこういったことを日常的に口にしてはいませんか?

自分を卑下する発言を繰り返す言動は、人から好意的な反応や擁護や援助をしてもらうためにしてしまうことです。これを迎合行動といいます。

たとえば、お気に入りの洋服を買ったのに、「似合わないでしょ?」と言ってみたり、美容院へ行ったあと、「短すぎたわね」と不平を言ったりします。

これも、決して本気で言っているのではなく、「そんなことないよ、似合っているよ」という言葉を相手から引き出すための迎合行動です。

自分を卑下する発言が多い人は、日常的に悲劇のヒーロー・ヒロインを演じがちで、一度好意的な反応(擁護・援助など)をしてもらえると、その後、たびたびにわたって同じ言動を繰り返したりします。こうなると、はじめは受け入れていた相手も、だんだんと嫌気がさしてきたり、扱いに困ってしまったり…ということが起こり、やがて真摯に耳を傾けてもらえなくなっていきます。

心当たりがある人は、自分自身の言動を見直し、自分を卑下しなくても周囲から好意的に見られ、気持ちよく援助してもらっている人をお手本にしてみることをおすすめします。

自立をさまたげる禁句ワード

✕「でも私は…」

✕「どうせ私なんて」

✕「やっぱり私にはできない」

✕「ほかの人に比べて私は劣っているから」

✕「だって私は○○だし…」

ある研究では、女性と男性では、できない自分を演じる相手に違いがあることが明らかになっていて、女性は夫に対して、男性は妻ではなく、上司や同僚に対してできない自分を演じる傾向があるんだって

自分の能力や業績を隠すために、あえて「できない自分を演じる」という迎合行動もあるよ

Column

ひっきりなしに話し続ける人の性格とは？

●外向的な人と対人緊張の高い人の2タイプに分かれる

話すことは、「あなたと仲良くしたい」「あなたと理解し合いたい」という意味のサインです。ですから、基本的に話し好きの人は好感をもたれる傾向があります。

この話し好きには2つのタイプがあります。

ひとつ目はとにかくおしゃべりという行為が好きな人。このタイプの人は外向的な性格の持ち主で、人が受けた印象通りの性格です。

2つ目のタイプは、沈黙することが怖くて、話し続けるという人。黙っていることや会話が弾まないことに耐えられず、「無愛想、嫌われているのでは？」と相手に思わせたくなくて沈黙することができません。このタイプの人は、「相手に嫌われないように」「相手にマイナスの印象を与えないように」という気持ちにとらわれているので、いつも緊張している状態です。2つのタイプでは、性格に雲泥の差があります。

2つ目のタイプの人は、逆に相手を疲れさせてしまう

2つ目のタイプの人と長い時間会話をしていると、あとでどっと疲れたり、話をしている最中に息苦しく感じたりします。これは、知らず知らずのうちに、相手の緊張状態がこちらに伝わってくるためです。また、話の流れが一方的で相手に質問をほとんどしないこともこのタイプの人の特徴で、「自己中心的だ」ととらえられてしまうこともあります。

内面に深い孤独を抱えている場合も多いので、あなた自身に心当たりがある場合は、深呼吸するなどして、心を落ち着かせるクセをつけるとよいでしょう。

あなたにこの傾向がある場合は、相手の話を聞くことを意識してみよう♪

声ににじみ出るあなたの性格

「声色《こわいろ》」という言葉があるように、声にはその人の性格がにじみ出てきます。あなたはどれに該当するでしょうか？　判別しにくい場合は、まわりの人に聞いてみましょう。

音声の手掛かり	話し手	判断された特徴
息が混じる弱い声		若い・芸術家肌
		女性的・きれい・小柄・陽気・興奮しやすい・薄っぺらい
力がない		話し手のイメージは変わらない・顕著な相関関係なし
		社交的・肉体的・感情的・精神的に未熟・ユーモアを解する・感受性豊か
平板		男性的・無精・冷たい・引っ込み思案
		男性的・無精・冷たい・引っ込み思案
鼻にかかる		社会的に望ましくない性格一般
		社会的に望ましくない性格一般

音声の手掛かり	話し手	判断された特徴
緊張している		年をとっている・譲らない・ケンカ好き
		若い・感情的・女性的・興奮しやすい・頭が悪い
低く太い		気取っている・現実的・円熟・洗練・適応性あり
		頭が悪い・男性的・怠け者・野暮ったい・感情をあらわさない・不注意・非芸術的・愚直・神経症・静か・つまらない・無関心
朗々としている		エネルギッシュ・健康・芸術的・洗練・誇り・おもしろい・熱意がある
		生き生きしている・社交的・美的センスがある
速度が速い		生き生きしている・外交的
		生き生きしている・外交的
抑揚が多い		精力的・女性的・芸術家肌
		精力的で外交的

(Addingon.D.W.1968)

Column

第一印象でトクをするコツ

●印象は表情や声で9割以上決まる

初対面の印象は顔で決まります。

こう言いきってしまうといろいろな反論が聞こえてきそうですが、これを裏づける報告があるのです。

アメリカの心理学者メラビアンの実験によれば、第一印象に影響を及ぼすのは、顔55％、声38％、会話の内容7％となっています。これによれば、他人に与える第一印象は、話の内容よりもどんな表情や声で話をしたかで決まるということになります。これを「メラビアンの法則」といいます。

ただし、ここでいう「顔」とはルックス（顔の造作）のことではありません。表情、話し方です。同じ「はじめまして」でも、明るくにこやかな表情で言ってもらうのと、緊張した固い表情で言われるのとでは、まったく印象が変わりますね。

顔の次に影響力が強いのが、声です。よい印象を与えるポイントは、低く大きい声で話すこと。このとき、ボソボソと話すのではなく、大きな声で一語一語がはっきりと相手に聞き取れるように発声しましょう。

また、人は第一印象のイメージで相手の人間性まで想定するという習性があります。たとえば、初対面のときに、言葉づかいが悪くて乱暴な印象を与えてしまうと、その後どんなにいい行いをしても、なかなか「乱暴な人」というレッテルをはずすことができません。

このことは、第一印象で好ましいイメージを与えることができれば、その後、小さなつまずきがあったとしても、寛大に受けとめてもらえるようにもなるということもあらわしています。

このように、最初に提示された情報が全体の印象を規定してしまうことを「初頭効果」といいます。よい第一印象は、相手と良好な人間関係を築いていくための大切な基盤になります。初対面の人と会うときは、あなたのよさを最大限アピールできるよう心がけましょう。

いつも怒ってばかりいる人は早死にする!?

怒りが身体に与える影響は、想像以上のようです。怒りっぽいことが、具体的にどのような影響を及ぼしていくのかをみてみましょう。

アメリカの研究者シュピルバーグが1114名の高校生を対象に調査をしたところ、いつも怒ってばかりいる人は、心臓の拡張気圧、収縮気圧がともに高い傾向にあることを突きとめました。さらに、「怒り」「敵意」「攻撃性」の３つの要素がそろったとき、その傾向が最悪の結果になることを発見し、このような性格傾向をあわせもつ人をAHA症候群と名づけました。

AHA症候群は、仕事に一生懸命取り組むタイプという見られ方をすることもありますが、自分の命を大切に思うなら、このクセを見直したほうがよいといえます。
また、一連の研究結果から、男女の怒りには差が出ることも明らかになっており、女性のほうがいつまでも過去のことに根をもちやすく、男性のほうが、他人に対する敵意の程度が高いという傾向があります。

怒りをしずめる方法は？

『逆境指数（AQ）』の著者であるストルツは、パニックに陥らないための方法として「ストップ！法」をいくつか提案しています。この方法は怒りをしずめるためにも活かすことができます。

手首に輪ゴムなどを巻いておき、ムカッとしたとき、輪ゴムをはじいて「ストップ！」と叫んで、怒りの気持ちをしずめる。日頃から、この方法を練習しておくと、いざというときに役立つ。

テーブルを軽く叩いたり、指をパチンと鳴らしたりするのもよい。

トイレに行ったり、コーヒーを飲んだりするのも効果的。

人への振る舞いの傾向がわかる心理テスト

友人と３人でスキーに行ったときのことです。
それぞれ思い思いに滑って、ゲレンデのある場所で待ち合わせることにしました。
ところが、約束の時間が 30 分も過ぎたのに、A さんがきません。
雪が降りだして、寒くなってきました。

B さん「A さん、遅いね。あぁ～寒い！」
あなた「・・・・・・・・」
B さん「そうね」

このような会話があったとき、あなたならなんと言いますか。
空欄の中の言葉を考えてください。

診断

「近くを見てきましょうか」「ちっとも寒くないわ」
「私の説明が悪かったのかもしれないわ」
など、自分に責任を向けた人……………………………**内罰型**

「あの人は、いつも、遅れるんだから」
「2人だけで、行こう」「寒くて、いやになる」
など、自分以外に原因を求めた人………………………**外罰型**

「こういうときはお互いさま」「途中で、休んでいるのかも」
「そんなに、寒くないね」
など、誰も悪くない、とした人…………………………**無罰型**

内罰型

争いを恐れて自分を悪者にしてしまうクセがあるため、ストレスを溜めがち。もっと自己主張してOK！

外罰型

「自分は悪くない」と思っているのでストレスは少ないものの、ときに無責任な人と思われがち。自分の考え方が正しいかどうか、チェックすると◎！

無罰型

とりあえず場をおさめようとする「事なかれ主義」。温厚な人とみられる一方、行きすぎると「煮えきらない」と思われることも。もっと自分の考えを伝えてOK！

人間関係がよくなる振る舞いのポイント

ここでは、あなたの心や人間関係が好転する４つのポイントをお伝えします。

ストレスを心の栄養にしよう

ストレスを溜め込まない人の特徴は、ストレスを自分の栄養源にしていることです。
人が健康的に生きるために大切なのは、起こった出来事に対するとらえ方を肯定的にすることです。たとえば、コップに入っている水を「もう半分しかない」と考えるのではなく、「まだ半分もある」と考えるということです。
「仕事が忙しいのは自分の能力が認められているため」「上司に怒られたのは期待されている証拠」「通勤電車が長ければ、読書がたくさんできる」…など、ストレスの要因となることを肯定的・楽観的に受けとめられれば、ストレスを栄養源に変えていくことができます。
ストレスの名づけ親であるハンス・セリエ博士は、こんな言葉を残しています。
「ストレスは人生のスパイスである」
ぜひ、ストレスを負の刺激ではなく、正の刺激と考えましょう。発散・解消すべきものではなく、吸収・消化すべき栄養ととらえましょう。

聞き上手の人はかならず人に好かれる

人間関係を良好に築くためにとても大切なのは、聞き上手であることです。
相手の話をよく聞く。これだけで人の心をつかみ、人から好かれ、人間関係を上手に保つことができるのです。これはD.カーネギーをはじめとした人を動かす能力に長けた人も提唱している人心掌握法の重要ポイントです。

相手の話に耳を傾け、「それでどうなったのですか？」と話に興味を示し「へえ」「なるほど」と感心して反応します。相手に十分に話をしてもらえたら、相手はあなたのことを好きになります。あなたが話しベタでもまったく問題ありません。
熱心な聞き役にまわるだけで「あの人は落ち着いていて信用できる」と思ってもらうことができるのです。

聞き上手になるための3つのポイント

1 相手としっかり目を合わせる
2 聞くときには、肯定する（おだやかで、好意的な）表情をする
3 相手の話に興味や理解を示す応答を頻繁にする。質問したり、話を整理したり、うなずきやあいづちなどを意識する

謝るときは先手必勝で

相手に謝罪しなければならない状況に陥ったとき、その場を明るく解決するには、相手が怒り出す前や怒りが大きくなる前に、先に謝ることです。その際にかならず押さえたいのは、謝罪のポイントをはずさない、ということです。
「具体的にこの点について謝罪します」と、まさに相手が怒ろうとしているところを自らピンポイントで指摘してしまうことによって、はじめて相手の怒りを制することができるようになります。

そのためにはまず、トラブルの原因を分析し、相手がいったい何に対して怒っているのかを確実に把握しておきましょう。
誠意が感じられないと怒っているのか、約束が違うと怒っているのか、対応がだらしなかったと不快に思っているのか……いろいろと考えられる怒りの原因のなかから、これというものを探します。
そのためには、日常から相手を冷静に分析しておきましょう。

謝り上手は人付き合い上手

相手との修復が難しい事態に陥ったら…

叱る・叱られる、あるいは謝罪する・謝罪されるという行為が一度でも行われると、その後の人間関係にも大きな影響を与えていくようになります。
人間は、1度でも叱られると、それだけで相手に苦手意識をもってしまうものです。一方の叱ったほうにしても、自分が叱った相手のことはよく覚えているものなので、相手がよそよそしくなった態度を目にすると、歩み寄りづらくなります。こうなると、以後の関係修復が、かなり難しくなってしまうのです。

このように、いったん関係が壊れかけてしまったときには、相手の気分を害したほうの人が「ダメでもともと、復活すれば大成功」というつもりで歩み寄っていきましょう。
植物の手入れのように、「もうダメだな」と鉢植えごと捨ててしまえばそれで終わりですが、あきらめずに水をやって、土を入れ替えて、きちんと世話をすればもう一度花が咲くかもしれない――。そんな発想でいたほうが、肩の力が抜けて関係が修復しやすくなるのです。

自分の心を明るくコントロールする4つの秘訣

ここでは、あなたの心や人間関係が好転する4つのポイントをお伝えします。

物事に完全はないと知っておく

たとえば、プロ野球の選手でも、3割打てば一流といわれるように、人間はもともと完全ではない生きものです。完全を求めること自体が不完全だと考えて、あなた自身や他人に対して鷹揚になりましょう。
自分の心を明るくコントロールするには、物事に100%を求めないこと。完璧主義で疲れてしまう人は、7割できれば十分、8割できれば上出来、というぐらいの気持ちでとらえましょう。

ねばならない思考を捨てる

「○○するべきだ」「○○しなければならない」という言葉がログセの人は、あえて信念や原理原則にこだわらないようにしましょう。
論語に「既往は咎めず」とあるように、過去にもこだわらない。軌道修正や方向転換が必要なら、どんどんやってみる。変化は進歩だととらえて、ちょっといい加減を心がける。そのほうが、あなた自身もまわりも、肩の力を抜いてイキイキと過ごすことができます。

現実優先の考え方をする

「こうあるべきだ」と思っても、そうはならないのが現実です。そして、自分の価値観と現実の間にギャップが生じたとき、ストレスが生まれます。価値観と現実の間に食い違いが生じたら、現実を無理にコントロールして変えようとする発想を手放しましょう。
たとえば、相手を無理に説得するのではなく、まず相手の意見に耳を傾けるところからはじめるということです。「こうあるべき」現実にならないからといって腹を立てることをやめるだけでも、あなた自身がラクになります。

虫のよい考え方をする

たとえ失敗しても、「失敗にこそノウハウがある」と自分に都合よく受け取ってしまいましょう。たとえば、相手が自分より優れていて負けてしまったとき、大きなミスをしてしまったとき、敗北感や挫折感に打ちひしがれていると、ストレスは溜まる一方です。
「ライバルから学ぼう」「次なるチャンスのために必要な失敗」と、悔しい経験を学びのチャンスだととらえる。気が滅入った瞬間に、そのことを考えるのをストップする。「まぁなんとかなるさ」と考える。それくらいの心持ちでいたほうが、人生はうまくまわります。

第3章

思考グセや悩みから見えてくるあなたの心理

あなたの現在の思考特性がわかる心理テスト

次の文章を読み、現在のあなたにもっともあてはまる場合は5、ややあてはまる場合は4、どちらともいえない場合は3、あまりあてはまらない場合は2、まったくあてはまらない場合は1を、回答欄に記入してください。

達成努力

1. 長い間、気を散らさずに仕事（勉強）に熱中する＿＿＿
2. 何事にも全力投球する＿＿＿
3. 努力家である＿＿＿
4. 目標を決め、その達成に向かって人一倍努力する＿＿＿
5. なにかはじめると、コツコツとねばり強くするほうである＿＿＿
6. やりかけた仕事はなにがあっても一生懸命やる＿＿＿
7. 仕事や勉強を仕上げるためには夜遅くまででもがんばる＿＿＿
8. 熱中するとどうしてもやめられなくなるほうである＿＿＿
9. 仕事や勉強に没頭できる＿＿＿
10. 自分の能力以上の仕事（勉強）に挑戦しようとする気持ちが強い＿＿＿

合計＿＿＿点

競争心

1. ゲームで負けるとひどくくやしい＿＿＿

2. 他の人より自分のほうを認めてもらいたいという気持ちが強い＿＿

3. 競争心が強いほうである＿＿＿

4. 他人の成績が気になるほうである＿＿＿

5. 人一倍負けず嫌いである＿＿＿

6. 勝敗にこだわるほうである＿＿＿

7. 人に自分の弱みを見せたくない＿＿＿

8. グループの中で進んで中心的な役割を演じている＿＿＿

9. 自分と同じタイプの人に会うと張り合ってしまうほうである＿＿

10. 人から「あなたにはかなわない」と思われたい＿＿＿

合計＿＿＿点

時間的切迫性

1. セカセカしていることが多い＿＿＿

2. 時間をいつも気にしている＿＿

3. レストランなどで注文したものが遅れるとイライラする＿＿＿

4. ものごとを手早くやるほうである＿＿＿

5. １週間のスケジュールがつまっている＿＿＿

6. 約束の時間に相手が来ないと腹が立ってくる＿＿＿

7. 早口である＿＿＿

8. 仕事をたくさん引き受けてしまって忙しがることが多い＿＿＿

9. 早足で歩く＿＿

10. 時間に追われた生活をしている＿＿＿

合計＿＿＿点

攻撃性

1. 怒りっぽいほうである_____
2. 意見が合わないときには他人を批判したくなるほうである_____
3. 口論などになると相手を言い負かすほうである_____
4. 人の話を最後まで聞かずに割り入って話し出す_____
5. 腹が立つと相手を傷つけるような発言をしてしまう_____
6. 自分の意見に反対されるとムキになって言い返すほうである____
7. ちょっとしたことで腹を立てるほうである_____
8. 人（友人、家族など）を怒鳴りつけたことがある_____
9. 言葉遣いが荒々しくなることがある_____
10. 物事に批判的である_____

合計_____点

40点以上になった各カテゴリーに注意！　すべての項目の合計が160点以上になった人も要注意！
「タイプA性格」といわれる傾向があります。（次ページで詳細を解説）

総合得点　　　　点

がむしゃらな「タイプA」、のんびり屋の「タイプB」

「タイプ A 性格」には次のような特徴があります。

タイプ A

1 心が強く、がむしゃらに働く。
2 敵対心が強く、攻撃的な言動が多い。
3 ゲームそのものを楽しむより、結果や得点にこだわる。競争が好きである。
4 前の車が遅いとクラクションを鳴らす。レストランで待たされるとイライラする。
5 テレビを見たり、新聞を読んだりしながら、忙しく食事をとる。
6 いつも時間に追われている。

これと正反対の特徴をもち、あせらずのんびりした行動パターンを示す人を「タイプ B 性格」といいます。アメリカのデータによれば、管理職のうちタイプ A とタイプ B の割合は、ほぼ 2 対 1 になるそうです。
タイプ A 性格は、タイプ B 性格に比べて、虚血性心疾患になりやすく、冠動脈硬化の進行が早いといわれています。日本の調査によれば、虚血性心疾患の人には、次ページのような性格特徴があります。

虚血性心疾患の人の特徴

1 きちょうめんでまじめ。
2 曲がったことが嫌い。
3 人情に厚く、他人の面倒をよく見る。
4 仕事が趣味であり、生きがいである。
5 遊ぶことに罪悪感をもつ。
6 気性が激しい。

これらの性格は、タイプA性格の特徴とかなり一致します。タイプA性格の人は、管理職に向いた出世タイプといえますが、常に持続的なストレスを受けていると考えられ、自分の身体を傷める可能性が高くなります。家族や友人との会話を楽しむなど、自分の性格とうまく付き合うようにしましょう。

ストレスを溜め込まない自分になりたかったら、タイプBを意識するといいね

傷つきやすくがまんしがちな「タイプC」

心理学者のリディア・ティモショックは、ガン患者に見られる性格傾向を「タイプC性格」と呼んでいます。タイプC性格の特徴は次のようになります。

タイプC

1 対人関係に傷つきやすく、孤独に逃げ込みやすい。
2 怒り、悲しみ、不安などの不快な感情を無理やり抑え込もうとする。
3 不平不満を言わないで、周囲に合わせようとする。
4 抑うつ的で、幸福感が低い。
5 社会的に孤立しがちである。
6 自分の気持ちを抑えてまで、人のことを思いやる。

このような性格の持ち主だけが、ガンになりやすいわけではありませんが、自分の性格が災いして生理的なバランスをくずし、それが病気を誘発するきっかけになるといえます。
パーティーや集会には積極的に出席し、嫌なことがあったときには親しい人と話したり、思いきり笑ったり泣いたりするなど、自分の性格とうまく付き合うことが大切です。

あなたはタイプA、B、Cのどれに当てはまるかな？自分の傾向がわかると対応法も見えてくるね

Column

性格と病気との関係とは？

●タイプAの人は心臓病にかかりやすい!?

前述したタイプA性格の人は、タイプB性格の人に比べて血清コレステロール値が高いことが明らかになっています。コレステロールは、動脈硬化を促進する物質で、心臓の動脈で動脈硬化が進むと、心筋梗塞や狭心症などの心臓病にかかりやすくなります。

実際、心臓病の罹患率を見ると、タイプA性格の人は、タイプB性格の人の3倍にもなります。これでは長生きはむずかしいといわざるをえません。

●感情をためてしまうタイプはガンになりやすい

タイプA性格の人が、自分でストレスを作り出し、それを背負いながら突っ走ろうとするのに対して、タイプC性格の人は、周囲から自分に降りかかることにストレスを感じながら、それを発散することができず、内攻させてしまいます。タイプC性格で心配されるのはガンです。

スコットランドのデビッド・キッセンという医師の報告では、1000人近くのガン患者を調査したところ、肺がん患者にはタイプC性格の人が多いことが明らかにされています。ほかにも、タイプC性格とガンとの関連性を示す報告がいくつか出ています。

タイプC性格とガンとの関連性は、タイプA性格と心臓病の関連性に比べて低いのですが、ストレスがたまると身体にマイナスに働き、さまざまな病気を起こします。感情を溜め込みがちな人は、ぜひタイプB性格をお手本にしたいですね。

人は「無意識」に支配されている

「無意識」は心が揺れ動くタイミングで築かれる

大きなショックを受けるような出来事や、感情がかき乱されるようなことがあったとき、私たちはその出来事を記憶から消してしまおうとします。

ただ、その出来事そのものは、私たちのなかから消え去ることはありません。「無意識」と呼ばれる心の領域に、抑圧された感情となって残ってしまうのです。そしてこの無意識の存在が、形を変えて私たちの夢にあらわれたり、心のトラブルを引き起こす原因になったりします。

私たちの心に、このような無意識という領域があることを発見したのが、精神分析の祖といわれているフロイトです。フロイトの弟子で後に独自の研究を進めることになった心理学者ユングは、無意識には「個人的無意識（抑圧された意識や願望、忘れてしまった記憶）」、「集合的無意識（人類が共通してもっている意識やイメージ）」の2つがあると考えました。

ユングは、世界各地の神話や伝説、おとぎ話には、民族や国を越えて似通っている点が多くあることに注目し、人類が共通して内包し続けている集合的無意識が存在すると考えたのです。

集合的無意識がもっている6つの共通パターン・元型には左のようなものがあるとされています。私たちは、普段これらを意識することはありませんが、元型は、形を変えて夢や空想にあらわれたり、日々の行動に影響を与えたりしています。6つのうち、とくにどの無意識の傾向が強いのかは人によって異なりますが、私たちの心は、無意識の存在に支配されています。

集合無意識の中にある6つの元型

ペルソナ

社会生活に適
応するための、
表向きの顔

シャドウ

無意識のな
かに抑圧さ
れた、表に
出ない人格

アニマ

男性の無意識のな
かの女性イメージ

アニムス

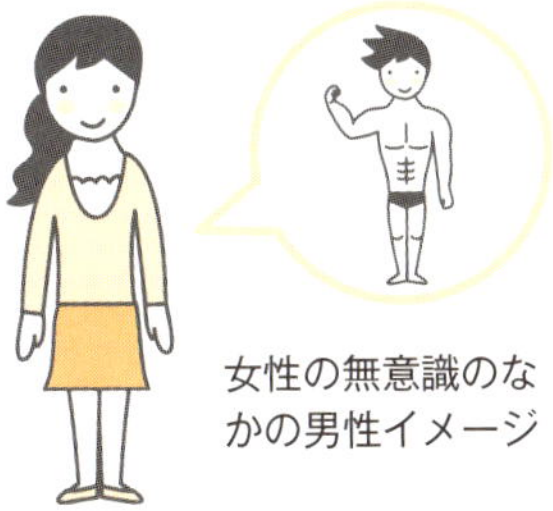

女性の無意識のな
かの男性イメージ

オールドワイズウーマン

無意識のなかの母親像。すべてを包み込む反面、飲み込み束縛する。女性の成長の到達点

オールドワイズマン

あらゆる知識を身につけた仙人のような存在。男性の成長の到達点

自分の知らない一面に気づく「ジョハリの窓」

自分のことは自分が一番知っているようでいて、意外に見えていないことがたくさんあります。他人から見たあなたの性格と、あなたが自分で思っている性格が、ずいぶん違うこともよくあることですね。

そんなときは、アメリカの心理学者ジョセフ・ルフトとハリー・インガムが公表した「対人関係における気づきのグラフモデル（ジョハリの窓）」を使えば、自分を客観的に見ることができ、今まで気づいていなかった、隠れた自分を見つけやすくなります。

ジョハリの窓は左の図のように分類されます。
もし、あなたが人間関係に悩んでいるなら、開放の窓を広げましょう。自分をさらけ出すことで、相手の信頼を得やすくなります（自己開示）。開放の窓を広げれば、当然、他の３つの窓は狭くなります。自己開示によって他人に見えない部分が少なくなり、良好な関係をつくりやすくなるのです。

ジョハリの窓は、いまの自分がどんな状態なのか把握するために有効だよ

ジョハリの窓

他人がわかっている

自分をわかっている

開放の窓
他人に対して
オープンにしている自分

秘密の窓
周囲の人には
気づかれていない自分

自分をわかっていない

盲点の窓
「あなたって○○だよね」
と他人から指摘されて、
はじめて気づく自分

未知の窓
無限の可能性を
秘めている自分

他人がわかっていない

開放の窓	この領域が多くなると、円滑なコミュニケーションができるようになる。
盲点の窓	人の指摘を素直に受け入れると、この領域は狭くなる。
秘密の窓	この領域が多くなると、コミュニケーションがうまくいかなくなることもある。
未知の窓	自分の可能性を信じ、どんどんチャレンジしていくことで、この領域は狭くなる。

フロイトの性格類型

フロイトの性格類型は、性的な欲求に関する幼児期の体験を重視して構成されています。
フロイトは、心の世界をエス（本能）、超自我（道徳心）、自我（エスと超自我の調停役）、という３つの役割でとらえました。それぞれの働きのバランスは、人によって異なります。その違いは、その人らしい行動パターン、性格として表出します。

エスが強い人

➡享楽的／衝動的に行動する／自己中心的で子どもっぽい

エスが強すぎて、そのコントロールがきかない人は、状況を考えることなく、衝動的に行動する傾向があります。思ったら、即実行しないと気がすまない性格で、自己中心的でもあり、子どもっぽく見える面ももっています。

超自我がとくに強い人

➡完璧主義者／自分にばかりか他人にも厳しいモラリスト

超自我がとくに強い人は謹厳実直、モラルや規則を守り、義務を遂行することに対して自己を厳しく律します。堅苦しい性格、なにごとにも完璧を求める傾向が強く、他人に対しても厳しい評価をしがちです。

自我が強い人

➡現実主義者／合理的でバランスがとれている

「自我が強い」というと、普通は自己中心的な性格を指しますが、深層心理学では、現実主義的な性格ということを指します。自我が強い場合、エスと超自我とをうまく調整しながら、現実の状況に対応した行動をとります。自分勝手な言動をするわけではなく、堅苦しいわけでもない、合理的でバランスのとれた性格です。

性格タイプは幼児期の快感体験へのこだわりで決まる

心の状態や障害、性格、行動の動機などを考察するにあたって、フロイトが性的な要素をきわめて重視したことはよく知られています。フロイトは、性格は幼児期からの性的な欲求で決まると考えました。

０～１歳は母親の乳房を吸う唇に快感を覚え、１～３歳では排便のときの肛門に、３～６歳では自慰や排尿に関連してペニス（男根）に性的な快感を覚えるようになるとし、それぞれの時期を**口唇期**、**肛門期**、**男根期**と名づけました。

それぞれの時期に快感が得られなかったり、過度に快感を感じた経験があると、その時期にこだわりができて、成人になったあとも、そのときの性的快感を得たいとする欲求が残ります。これを**固着**《こちゃく》と呼びます。そして、どの時期に固着するかによって、異なる特徴をもつ性格ができる、というのがフロイトの考えでした。それによる性格タイプは、次のような内容です。

口唇性格

極端に早い時期に乳離れをさせられた場合などは、母親の乳房を吸いたいという欲求を充分に満足させられなかったために、口唇期に固着する。甘えん坊で人に対する依存心が強く、対人関係のあり方次第で気分が激しく変動するタイプ。

肛門性格

トイレトレーニングの時期の性的感覚にこだわりがある人の性格。多くの場合、トイレに関する親のしつけは厳しいため、それに自我が同一化して、きちょうめんで潔癖な性格になる。頑固なところもあり、人とは距離をとって付き合いがち。しつけがゆるやかな場合は、行き当たりばったりの性格になる。

男根性格

自慰を見つかってとがめられた経験をもつ場合などは、男根期に帰って、ペニスを意識し自らの強さを誇示しようとする欲求が密かに残っている。その時期の再現を志向するので、自己顕示欲、虚栄心、競争心が強く、行動は精力的で攻撃的。物事の進め方は独断的。女性を軽蔑し、男性の優位性を示したがるところもある。

口唇期、肛門期、男根期のそれぞれの時期に、性的な欲求が過不足ない適切な形で解消された場合は、幼児期へのこだわりは残らないといわれているよ。
自然な形で異性を愛するから、性的欲求は自然な性行為によって解消されて、性を肯定的にとらえられて、合理的に行動できるんだ。このような性格をライヒは「性器的性格」と名づけているよ。
でも、そんなに完璧に幼児期を過ごすことは、実際にはまずないと考えたほうがいいね

ライヒの性格分類

フロイトの性的な欲求にもとづく理論をより徹底したライヒによる性格類型は、フロイトと同じように幼児期の性的欲求、それに関連する性にかかわる体験を軸にしながら、その内容は少し異なっています。

ヒステリー性格（神経症的性格）

異性の親に対する近親相姦願望が克服されずに残っていることが、特有の性格をつくる。性的な魅力をアピールするなど自己顕示的で、感受性が強く見える。その外面と裏腹に、内面は子どもっぽくて依存心が強く、対人関係に敏感で気持ちは動揺しがち。空想癖、虚言癖がみられるもこのタイプの特徴。

アイデンティティを確立するとき

アイデンティティの確立は青年期にかかっている

青年期における重要課題といえるのがアイデンティティの確立です。
アイデンティティという概念は、アメリカの精神分析学者エリクソンが提唱しました。日本語では、「自我同一性」「主体性」といった訳語が使われています。
人間は、児童期までの両親への依存を断って自立が必要になったとき、はじめて「自分は何者なのか」ということを考えます。
つまり、両親から心理的に自立しようとする青年は自分自身の価値を確立しようと努め、その過程で社会とのつながりを意識しはじめます。社会の中に自分を位置づけて、アイデンティティを確立しようとするようになるのです。
アイデンティティは成長段階の中で徐々に確立していくもので、段階を踏むごとに達成しておくべき課題があります。とくに「基本的信頼」「自立性」「積極性」の３つは、アイデンティティを健全に形成するために、青年期までに達成しておかなければならない重要な課題です。

大人になることを先延ばしにする

モラトリアムという言葉があります。これは、もともと「支払い猶予期間」を意味する経済用語です。エリクソンは、この言葉を心理学の領域に用いて、青年が、社会の責任や義務を負うことを免除されている状況を表現しました。
この期間に青年は大人社会の一員になるための準備をして、確固たるアイデンティティをつくり上げていくことが大切なのです。
ところが、複雑化した現代社会では、価値の多様化などによってアイデンティティの形成が十分にできずに、モラトリアムを卒業できない青年層も増えています。
精神分析学者の小此木啓吾は、アイデンティティを確立しない心理構造は、青年だけでなく現代社会の大人の一般的な特徴でもあると指摘し、そのような人間を「モラトリアム人間」と呼んでいます。
このモラトリアム人間の象徴として、小此木は次の５つの変化があると述べています（次ページ参照）。

1　半人前意識から、何でも自分の思いどおりになるという全能感意識へ

2　禁欲から解放へ

3　修行感覚から遊び感覚へ（遊びや余暇の充実）

4　社会の価値観や行動様式に同一化するのではなく、一歩距離をとる隔たりへ

5　自立への渇望から無意識・しらけへ

これは、高学歴化が進んで社会学習の期間（モラトリアムの期間）が延長されていることや、食糧事情がよくなり12歳前後ですでに肉体的には成熟した子どもが増えていることも、その要因とされています。
では、人間がモラトリアムを脱して、大人としての自覚をもつのはいつごろでしょうか。一般的には就職を契機とする場合がもっとも多く、20歳未満でも親から経済的に自立すると大人の自覚をもつケースが多くなります。また、結婚も大人の自覚を促す要因となります。

もともと青年期は12、13歳から20、22歳頃までを指していたけれど、第二次性徴の出現が早くなったり（発達加速現象）、女性の高学歴化や社会進出によって晩婚化が進んでいること、学校を卒業しても正社員として就職しないフリーターが増加しているという理由から、青年期の時期が延びている傾向が見られるよ。青年期が長期化していることを「青年期延長説」と呼んでいるんだ

あなたのアイデンティティ確立度を知るテスト

時間的展望の混乱

Q.1　その日のうちにすべきことを翌日に延ばすことがある

Q.2　待たされるととてもイライラする

自意識過剰

Q.3　自分を信頼できない

Q.4　やれる自信はあるが、人が見ているとうまくできない

役割固着

Q.5　一生の仕事についてたびたび志を変えた

Q.6　今までの生き方は間違っていた

労働麻痺

Q.7　本を読んでも今までのようによく理解できない

Q.8　集中するのに他の人よりも苦労する

同一性混乱

Q.9 今の自分は本当の自分ではないような気がする

Q.10 私には相反する2つの性格があるように思える

両性的混乱

Q.11 異性の友達はほとんどできない

Q.12 女／男に生まれてくればよかった

権威混乱

Q.13 まわりの人は私を一人前に扱ってくれない

Q.14 困ったときに相談する大人がいない

価値混乱

Q.15 私は確固とした政治的意見をもっていない

Q.16 世の中の動きが時々わからなくなる

（砂田良一、1979を一部改訂）

Q1～Q16に対して「はい」と答える割合が高い人ほど、自分が何者なのかがわかっていない傾向があるよ。すべての質問に「いいえ」と答えた人は、自我同一性（アイデンティティ）が確立できている人といえるよ！

成長は欲求不満の感情から生まれる

マズローが提唱した5つの欲求

人は「もっとこうしたい」という欲求をもちます。成長をし続けていくためには、この欲求を抱いていることが大切です。

アメリカの心理学者マズローは、欲望をその段階ごとに区分けする欲求段階説を唱えました。これは、人には生きていくために必要な4つの「基本的欲求」(欠乏欲求)」と、さらにその上の段階である「成長欲求」が備わっているとする説です。

基本的欲求は、次のような順番で構成されています。

①食べたい、眠りたいなど本能的な「生理的欲求」
②身の安全を求める「安全欲求」
③自分を受け入れてくれる仲間や集団を求める「所属欲求」「愛情欲求」
④他人から認められ尊敬されたいという「承認欲求」「自尊の欲求」

これらの基本的な欲求が満たされると、次に才能や能力を高め、可能性を追求したいという「自己実現欲求」が生まれます。これは人間らしく豊かに成長したいという欲求です。

どの欲求も私たちが健康的でしあわせな状態を保っていくにはとても大切です。そしてこのような欲求が満たされないと、私たちは欲求不満に陥ってしまうのです。

欲求不満と聞くと負の感情を連想させますが、欲求は成長するための原動力になっていきます。あな

自己実現した人の11の特徴

1. 人生を客観的にとらえることができる
2. 広く浅くではなく、少数の人と深い満足的な人間関係を形成する
3. 人生における根本的な諸経験について深い理解をもつことができる
4. 人類の幸福に関心をもつ
5. 無理に型を破ろうとしているわけではないが、文化的になることに逆らう
6. 非常に創造的である
7. ユーモアがある
8. 自己中心的であるよりは問題中心的である
9. 考えや行動が自然で自由である
10. 自分や他人をあるがままに受け入れる
11. 現実を的確にとらえ、不確かさに耐えることができる

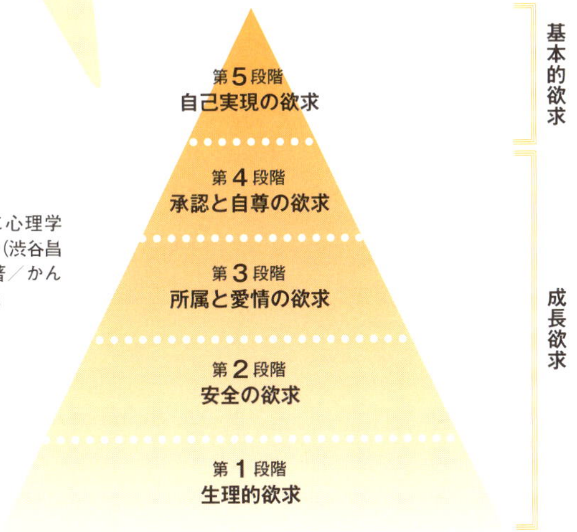
第5段階
自己実現の欲求
第4段階
承認と自尊の欲求
第3段階
所属と愛情の欲求
第2段階
安全の欲求
第1段階
生理的欲求
基本的欲求
成長欲求

「手にとるように心理学用語がわかる本」（渋谷昌三・小野寺敦子著／かんき出版）より作成

たはどの欲求を強くもっているでしょうか。自分自身が重きを置いている欲求をひとつずつ満たしていくことが、あなた自身がしあわせに生きていくためにはとても有効です。

健康な性格と悩む性格の違い

WHOの世界保健機関憲章の有名な前文では、「健康とは、完全な肉体的、精神的および社会的福祉の状態であり、単に疾病または病弱の存在しないことではない」と健康を定義しています。ここでは、健康な性格と悩む性格の違いをみてみましょう。

健康な性格

心理学者の託摩武俊は、健康な性格の要件として次のような7つの項目をあげています（『悩む性格・困らせる性格』講談社現代新書）。

1　挫折からの回復の早さ
2　周囲との連帯感
3　肯定的な自己像
4　共感性をもつ
5　未来志向性
6　幼児期の家庭環境
7　活力があり知的好奇心が旺盛なこと

6の「幼児期の家庭環境」とは、「家庭が温かく、親に愛され、折り目正しいしつけを受ける」ことを意味しています。この点は、自分ではどうすることもできませんが、それ以外の要件は、簡単ではなくても、努力次第で近づくことができます。

悩む性格

では、悩む性格とは、どういうものでしょうか。
具体的には「いつも悩んでいる性格」「すぐにキレるタイプ」「暗くてオタクっぽい人」など、いくつかの例があります。
心理学の分野では、精神医学者のシュナイダーが体系化した精神病質の類型がよく知られています。シュナイダーは平均的な性格からはずれている人を異常性格としました。ここには、芸術家のような社会的にプラスになる人の性格も、犯罪者のように社会的にマイナスになる人の性格も含みますが、後者をとくに精神病質と呼んで、そのタイプを10種類に分類しています。大別すると、自分自身が悩むタイプと、他人や社会を悩ますタイプとがあります。
次ページに10パターンのタイプを紹介します。あなたにも当てはまる項目がないか、確認してみましょう。

健康な性格というのは、精神的だけでなく肉体的にも良好であるというのが印象的だね。心と身体はつながっているんだね

シュナイダーの精神病質類型

自分が悩むタイプ

自己顕示型

自分を実際以上に見せようとして、話を誇張したりウソをついたりする。

抑うつ型

生きる喜びをもてず、いつも憂うつな気分を抱いている。

自信欠如型

自分に自信がないので、不安が強く神経過敏で妄想を抱きやすい。

無力型

劣等感が強く、いつも体調がすぐれない。

気分易変型

気分の変化の波が激しく、機嫌のよい状態と不機嫌を繰り返す。

他人を悩ませるタイプ

意志欠如型

意志が弱く、なにごとにも長続きせず、人の影響や誘惑を受けやすい。

発揚型

落ち着きがなく、軽はずみで、興奮しやすく争いごとを起こしやすい。

爆発型

ささいなことですぐにカッとなる。

情性欠如型

人に対する同情心や良心などの人間的な感情がなく、冷酷で残忍。

熱狂型（狂信型）

極端に信念が強く、反対する人、疑問をもつ人と争いやすい。

Column

あなたの パーソナリティはどっち？

好きな図で性格の傾向が見えてくる

あなたは左ページのどちらの図が好きですか？

右の複雑な図を選んだ人は、創造性豊かな人だといえます。

左の図を選んだ人は、シンプルな思考の持ち主です。

これは心理学者のバロンとウェルシュが１９５２年に実施した図形好嫌悪検査にもとづいたものです。

創造性豊かな人の特徴は、複雑なもの、アンバランスなものを好む、精神の働きが複雑、視野が広い、独自の判断をする、自己主張が強い、支配的、自己を抑圧しない…といったことがあげられます。創造性豊かな人は、その度合いが強いと奔放な芸術家タイプとみなされることもあります。

シンプルな思考の持ち主は、その対極の性質をもつと同時に、物事を単純化して考えたり、整理したりすることが得意です。

あなたはどちらのタイプでしたか？

自分のタイプの特性を仕事に活かせるといいね
あなたのまわりの人にも、このテストをやってもらったら、よりよい関わり方がわかるかもね

欲求不満時の言動を探る心理テスト

自分の欲求を満たせない出来事に遭遇したとき、あなたはどんな態度をとるでしょうか。ここでは、あなたの欲求不満時の言動を探ることのできるＰ－Ｆスタディ（絵画欲求不満テスト）という心理テストをご紹介します。

下図のように、あなたが子どもで、おやつを探していたところ、母親から「お菓子はお兄さんにあげたので、もうひとつもありませんよ」と言われたら、なんと答えるでしょうか。

このような場面を描いた絵の中に、欲求がかなえられなかった人物のセリフ（吹き出し）が空白になっていて、検査を受ける人がそのセリフを考える、という形で進めるのがＰ－Ｆスタディ（Picture-Frustration Study）です。
日本語で絵画欲求不満テストと呼ばれるように、欲求不満の状態に陥ったときにどのような反応をするかを調べるものです。

あなたなら、吹き出しにどんなセリフを書き込みますか？
代表的なものには下記のようなものがあります。

「じゃあ、いらない」とあきらめる
「なぜ、私にはないの！」と母親にやつあたりする
「なんでいつものろまなんだろう」と自分を責める

欲求不満に対する反応の仕方には、その人の性癖や心理傾向、性格が投影しているため、反応の内容から性格などを判定できるのです。

- 欲求不満の状況はいずれもマンガのような状態で描かれ、24場面で構成されているよ
- 対象によって、児童用、青年用、成人用と分類しているよ
- いずれも絵の左側には、人物がセリフつきで描かれ、その人物によって欲求不満を引き起こす人物が右側に描かれているよ
- 検査を受ける人は、右側の人の立場に立ってセリフを考えるというきまりがあるよ

相手を攻撃するタイプ・自分を責めるタイプに分かれる

セリフの内容は、攻撃の方向、反応の型という２つの観点から分析されます。

たとえば、下図のように車に水をかけられた場合を想定して、吹き出しの中にあなたの気持ちを入れてみましょう。

あなたの洋服に水をかけてしまってすみません。水たまりをよけようとしたのですが……

攻撃の方向には、次の3つのタイプがあります。

外罰方向（他責的）

攻撃や敵意が、自分以外のものに向けられる。「人に注意して運転しないのが悪いんだ」といった、他人を責める内容になる

自罰方向（自責的）

攻撃や敵意が、自分自身に向けられる。「うっかりしていた自分が悪い」といった、自分自身を責める内容のセリフになる

無罰方向（無責的）

欲求不満を引き起こしたことに対する非難や攻撃を一切行わない。「まぁこんなこともある」「どうってことないさ」といった、事なかれ主義で、どこか投げやりな印象を与えるセリフになる

反応の型には、次の3つのタイプがあります。

障害優位型

障害の内容に関する指摘にとどまり、攻撃や非難、要求などはしない

自己防御型

他人か自分への攻撃や非難という反応になる

要求固執型

自分の欲求に固執して、あくまで欲求不満の解消を図ろうとする（他人への期待、自分の努力などが出てくる）

反応の仕方によって9つのタイプに分類

前のページで紹介した攻撃の方向３タイプと、反応の型３タイプの組み合わせによって、吹き出しに入れたセリフを分類し、どのような反応が多いかによって、その人の性格や深層心理を明らかにします。

P-F スタディ

	外罰方向	内罰方向	無罰方向
障害優位型	障害を強調する	障害の指摘を内にとどめる	障害の存在を否定する
自我防衛型	他人を攻撃する	自分を責める	何も非難しない
要求固執型	不満解決のために他人の行動に期待する	自分で努力して不満を解決する	時間の経過や状況の変化に期待する

右ページの表は、P-Fスタディの評価テーブルの内容を簡略化したものだよ。ここでは合計で9タイプに分類されているけれど、実際には2つのタイプの変形を含めて11のタイプで判定しているんだ

日頃の自分自身の言動から、表のどのタイプに当てはまるか考えてみるとおもしろいね

あなたがよく口にする いいわけはどれ?

いいわけは大人のコミュニケーション能力のバロメーターであり、その人の精神的な成熟度や性格のタイプを示すものでもあります。人は、さまざまな経験を積むことで「いいわけの技術」を身につけていきますが、このいいわけの種類は、大きく分けると７つに分類されます。あなたにも当てはまるものはあるでしょうか?

合理化型

自分を正当化する都合のよい理由をつける

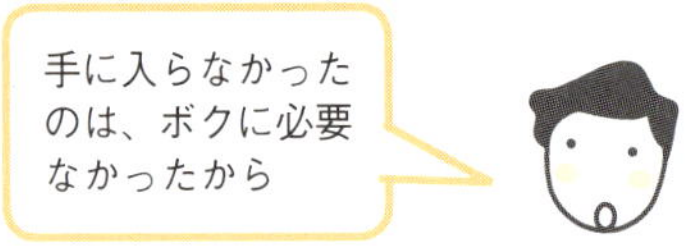
手に入らなかったのは、ボクに必要なかったから

抑圧型

自分のミスや短所から目をそらす

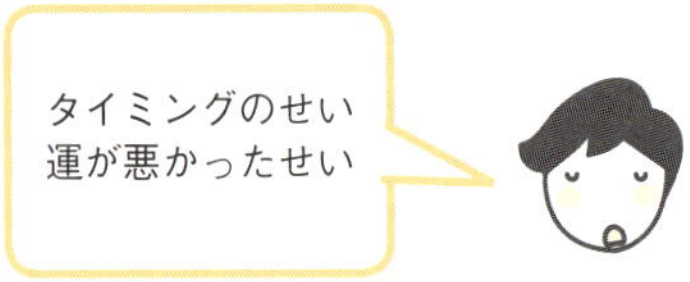
タイミングのせい
運が悪かったせい

投影型

自分が抱いている感情であるのに、人が自分に向けているものととらえる

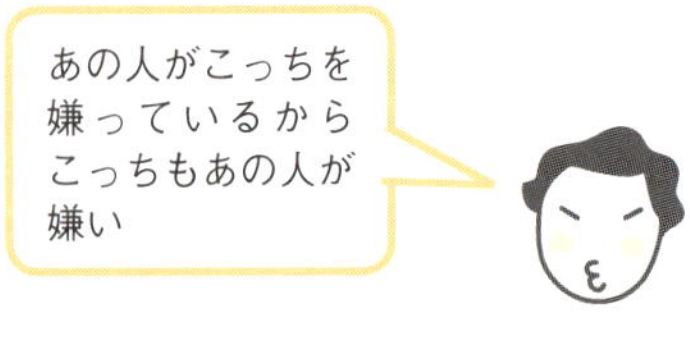
あの人がこっちを嫌っているからこっちもあの人が嫌い

セルフハンディキャッピング型

失敗したときのために、あらかじめうまくいかない理由をつける

今日は調子が出ないからムリかも

巻き込み型

自分だけが悪いのではないことを主張する

みんなやってるしー

特例主張型

これは今回だけの特別なことだったと主張する

ほんの出来心だったんだもん

詭弁型

筋が通っているようでいいわけになっていないいいわけ。数字をもち出して長々と説明したり、論旨をわざとずらしたりする

あれがあーでこれがそうで…だからできなかった

時代が生み出すさまざまな症状

「症候群」とは、その時代の社会背景から生まれたものが多く、時代が移ると新しい症候群が生まれるといいます。ここでは現代の代表的な症候群を紹介します。

無気力症候群（ステューデント・アパシー）

１９６０年代後半、学園紛争が起こっていたころに多くの留年学生が出ました。その中でも学業に興味を示さず、学校にも行かず、対人関係を恐れてひきこもりがちな学生が注目され、彼らのことを**無気力症候群（ステューデント・アパシー）**と呼ぶようになりました。

中学・高校・大学受験まで挫折なく順調に過ごしてきた青年に多いといわれているよ
一流企業に就職しても無気力になる人を「サラリーマン・アパシー」というよ

燃え尽き症候群（バーン・アウト）

高い理想に燃え、仕事に真剣に取り組んでいた人が、どんなに努力しても期待通りの結果が得られないとわかったときに、目標を見失い、精神的にも肉体的にも燃えつき状態になる現象を**燃え尽き症候群**といいます。

次の２つの特徴があるよ
1 思いやりがなくなり、機械のように過ごす
2 ストレス性の潰瘍やアルコール中毒、薬物依存、不眠症などの疾患になることも

自分の心境を正直に話せる上司や先輩、同僚や家族や友人に相談することが、予防になるよ

荷おろし症候群

難関を突破して希望の大学や会社に入った人たちが、その目標を達成したあとに何事もやる気がなくなって無気力な状態に陥ってしまうことを荷おろし症候群といいます。原因は目標喪失感によるところが大きく、自分の意志ではなく、親のいいつけにしたがって受験勉強してきた人に多くみられます。５月ごろにこの症状に陥ることを「五月病」と呼んでいます。

次の２つの特徴があるよ
1. 寝つきがわるくなる
2. 新聞やテレビを観る気がしなくなる
予防するには、目先の成功や失敗にとらわれず、自分の可能性を追い求める姿勢が大切だよ

ピーターパン・シンドローム

思春期以降の男子にみられ、社会的に自立したくない、大人になりたくない、といった子どもの状態（成熟拒否）をピーターパン・シンドロームといいます。傷つきやすく怒りっぽい面があり、無責任、不安、孤独、性役割葛藤が生じやすいのが特徴です。

アメリカの精神医学者カイリーが命名したよ

母親へのとらわれから、女性と安定した関係を築けないこともあるよ

青い鳥症候群

いまの自分は本当の自分ではないと思い込み、もっと自分に合った仕事があると信じて職を転々と変えていく若者たちにみられる傾向を**青い鳥症候群**と呼んでいます。
社会性を養う訓練をしないまま大人になってしまい、忍耐力に欠け、自分の思うようにならないと我慢できずに離職してしまうという特徴があります。

この症候群に陥りやすい若者には、3つの共通点がみられるよ
1　子どものころから勉強に追われていた
2　過保護に育てられた
3　遊ぶにも親の監視下におかれていた

この名前はメーテルリンクの有名な小説『青い鳥』に由来しているよ

退避症候群

若者がテレビやゲームを楽しむことで長い時間をひとりで過ごし、他人との接触を避ける傾向を退避症候群といいます。
1988年に、アメリカで競争から降りて過剰な活動をやめた若者たちがポテトチップを手にソファー（カウチ）に横たわりひきこもるという現象が起き、彼らをカウチポテト族と呼びました。日本でも同様の現象がみられました。

代理ミュンヒハウゼン症候群

養育者が健康な子どもに危害を加え、わざと病人に仕立てて病院に連れて行き、献身的に看護する姿を人に見せるという特殊型の児童虐待のことを代理ミュンヒハウゼン症候群といいます。

1951年にロンドンのアッシャーという医師が名づけたよ

パーソナリティ障害

偏った考え方や行動のために、社会生活がうまくいかなくなってしまう状態をパーソナリティ障害と呼んでいます。この障害をもっている人は、性格の偏りのために、自分で苦しんだり周囲を苦しめる傾向があります。

A群パーソナリティ障害

奇妙で風変わりな信念や習慣をもつ人

1　**妄想性パーソナリティ障害**

他人の言葉によく傷つけられることがある。友人や仲間であっても信じられないことがある

2　**シゾイドパーソナリティ障害（統合失調質人格障害）**

孤独が好きで、誰とも親密な関係をもちたいと思わない。心から信頼できる親友はいない

3　**失調性パーソナリティ障害（統合失調型人格障害）**

予言、霊、テレパシーのような現象を感じることがある。場の空気を読まない言動をすることがある

B群パーソナリティ障害

情緒や感情のあらわれ方が適切でない、激情型の人

1　反社会性パーソナリティ障害

危険に無頓着で命知らずなところがある。違法なことを繰り返してしまう

2　境界性パーソナリティ障害

大切な人に見放されるのではないかと不安になる。衝動的に危険なことやよくないことをやってしまうことがある

3　演技性パーソナリティ障害

外見やファッションにかなりこだわる。相手の態度やその場の雰囲気に影響されやすい。みんなの注目の的になることを好む

3　自己愛性パーソナリティ障害

自分には人が気づかない才能があると思っている。大成功して有名になりたいという野望がある

C群パーソナリティ障害

対人関係のとり方に自信がなく不安定な人

1　回避性パーソンナリティ障害

人から嫌われたくないため、自分を抑えて付き合う。人に会ったり出かけるのを直前になってキャンセルすることも

2　依存性パーソナリティ障害

些細なことでも自分では決められない。面倒なことは人にやってもらおうとする

3　強迫性パーソナリティ障害

細かいことがかなり気になってしまう。何でも完璧な状態でないと気がすまない

パーソナリティ障害の原因は、遺伝的要因と環境的要因が考えられているけれど、なかでも環境的要因の重要性が指摘されているよ。幼少時の親子関係や学校での人間関係がこの症状の一因ともいえるね

ストレスと上手に付き合うには？

ストレスに敏感であることが悪ではない

ストレスとは、工学用語で「圧力」を意味します。周囲から降りかかる圧力や刺激を「ストレッサー」といいますが、圧力そのものはストレスにはなりません。それが「自分にとってつらいものだと認識すること」が、圧力をストレッサーにしてしまうのです。

ただ、ストレスが自分自身の成長のためのエネルギー源になることも多いもの。上手に付き合うことで、達成感を味わうことや能力を伸ばせることもあるのです。

そうはいうものの、自分の心の状態を正しく知るためにに、ストレスに対して敏感であることも、ときには重要です。ストレスへの感受性がなければ、突然大病を患ったりするなど、自分では気づかないうちにダメージを受けてしまうからです。

ですから、ストレスに敏感になる感受性を一概に「いけないもの」ということはできないのです。また、感受性は、良い人間関係をつくったり、仕事をスムーズに進めたりするときにも必要なものです。

大切なのはストレスを感じた後に、目の前で起こっていることをどうとらえ、どう処理するかということです。たとえば、厳しい仕事を受けることになったときには、終了時間を決めて集中して取り組んだり、自分なりの楽しみを見つけるなどして、上手にストレスを解消できる方法を探しましょう。

ストレスとうまく付き合うためには左ページの図の５つのポイントを参考にしてください。

ストレスに強い体質になる5つのポイント

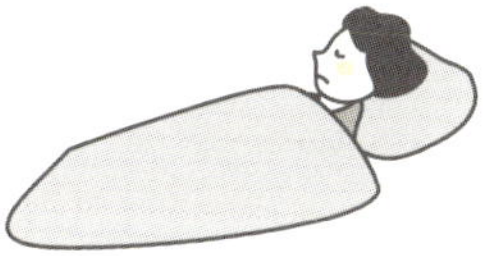

1 疲れを感じたときは、睡眠をたっぷりとる

2 人間関係のストレスは人に相談する（酒には頼らない）

3 食事、トイレ、睡眠などの生活のリズムを守る

4 仕事以外の付き合いを大切にする（家族との時間など）

5 「ノルエピネフリン」（バイタリティを生み出し気分をよくする物質）の分泌を促すような仕事、趣味、スポーツを見つける

ストレス度チェックテスト

この表はアメリカのホームズ博士たちのストレス評価尺度を参考に作成した、ストレス度を測定するテストです。当てはまると思うものをチェックし、質問の末尾にある数字の合計を出してください。

1. 結婚している→ 50
2. 配偶者が仕事をはじめた→ 30
3. 配偶者が仕事を辞めた→ 30
4. 夫婦喧嘩をする回数が多くなった→ 40
5. 妊娠している→ 40
6. 最近、配偶者と和解した→ 50
7. 現在、別居している→ 60
8. 最近、離婚した→ 70
9. 最近、配偶者が死亡した→ 100
10. 親類との付き合いが多くなった→ 10
11. 家の新築や増改築をした→ 20
12. 引っ越しをした→ 20
13. 子どもが家を出て、独立した→ 30
14. 親類との揉め事がある→ 30
15. 家族の誰かが病気である→ 40
16. 家族が増えた→ 40
17. 親しくしている親類が死亡した→ 60
18. 労働時間や労働条件が変わった→ 20
19. 上司と揉め事があった→ 20
20. より責任のある地位についた→ 30

21．まもなく退職する→40
22．仕事をもう一度、軌道に乗せなくてはならない→40
23．これまでとは分野の違う仕事をはじめた→40
24．会社をクビになりそうである→50
25．最近、軽い法律違反を犯した→10
26．睡眠の習慣が変わった→20
27．食事の習慣が変わった→20
28．余暇の過ごし方が変わった→20
29．以前からの生活上の習慣を変えた→30
30．セックスの変化が気になる→40
31．親しくしていた友人が死亡した→40
32．最近、怪我をしたり、病気になった→50
33．比較的少額のローン（抵当）がある→20
34．かなり多額のローン（抵当）がある→30
35．最近、抵当が流れた→30
36．経済上のトラブルがあった→40
37．ものごとにこだわり、生真面目で几帳面→10
38．内向的な性格で、人付き合いが苦手である→10
39．これといった趣味がない→10
40．リラックスする場がない→10
41．自分の感情に振り回され、怒りっぽい→10

さて、合計は？
点

ストレス指数149以下
恵まれた環境にあるようですね。現在のままで問題はないでしょう。

ストレス指数150～199
深刻になるほどではないので、蓄積しないようにしましょう。

ストレス指数200～299
かなりストレスがある状態です。ストレスのもとを解消していきましょう。

ストレス指数300以上
信頼できる人に相談するなどして、早々にストレスの原因を絶ちましょう。

『面白いほどよくわかる心理学』（渋谷昌三監修／日本文芸社）より作成

第4章

対人関係から見えてくるあなたの心理

あなたの人間関係がわかるテスト

Q1 朝出かけるとき、通りがかりの自動車のはねた泥水で洋服が汚されてしまいました。あなたならどうしますか？

A 運が悪かったと思い、その日は一日気が沈んでしまう。
B 「たいしたことはない」と気にしない。
C 自分で洗って落ちなかった場合を考え、ナンバーを覚えておく。

Q2 仲良しグループのはずなのに自分だけ旅行に誘われなかったとき、あなたならどうしますか？

A 私にもしたいことがあったから誘われなかったのはかえって好都合だったと考える。
B 自分に落ち度があって嫌われてしまったのかも…と思う。
C 「自分に落ち度があったかも…」と連絡ミスだととらえて問い合わせる。

Q3 真夜中、ぐっすり眠っているときにかかってきたまちがい電話。あなたならそのときどうしますか？

A 番号違いだと断ったうえで、かけた先がわかれば教える。
B 「誰にでもあることですよ」と答え、またすぐ眠る。
C 「いま何時だと思ってるんですか」、とガチャッと受話機を置く。

Q4 友人と駅前で会う約束をして、20分待ったのにまだ来ません。そのうち雨が降ってきました。あなたならどうしますか？

A 「私はいつも待たされ役なんだから！」と思う。
B 「電車が遅れているのかもしれない。とにかく連絡をとってみよう」と思う。
C 何かあったのかもしれないし、待つのは苦にならないと考える。

Q5 あなたは、将来、専門家として第一人者になりたい、スターになりたいなどと思いますか？

A はい　B どちらともいえない　C いいえ

Q6 あなたは、おけいこごとやスポーツなど、何でも他人よりうまくこなしたいと思いますか？

A はい　B どちらともいえない　C いいえ

Q7 あなたは、休日になるとあちこちに出かけて新しいものや珍しいものを見たり聞いたりするのが好きですか？

A はい　B どちらともいえない　C いいえ

Q8 あなたは、やりかけた仕事や趣味ではじめたことは満足できる段階までやり遂げますか？

A はい　B どちらともいえない　C いいえ

Q9 あなたは、お化粧や服装の流行にいつも気をつけており、それを取り入れるように心がけていますか？

A はい　B どちらともいえない　C いいえ

Q10 あなたは、いろいろな職業の人やさまざまなタイプの人と会って話すのが苦手ですか？　できればそのような場面を避けたいと思いますか？

A はい　B どちらともいえない　C いいえ

解　説

設問	1	2	3	4	5	6	7	8	9	10	小計	合計
A	1	2	3	1	3	3	1	3	3	1		
B	2	1	2	3	2	2	2	2	2	2		
C	3	3	1	2	1	1	3	1	1	3		

タイプ分けの基準点

10～16点：消極タイプ／17～23点：現状維持タイプ／24点以上：積極タイプ

消極タイプ（10～16点）

「物事がうまくいかないのは自分の能力が足りないせい」「運が悪いから」と考えたり、物事にこだわらないことが美徳だととらえがちなあなたは、自分を変えることに消極的なタイプであるといえます。

このタイプの人は控えめで、非は自分にあるのだと思いこむような内罰的な性格を持っています。こうした性格のために、自分自身やその生き方を変えるチャンスをみすみす逃してしまうこともあります。

現状に満足しているならいいのですが、もし諦めから現状に甘んじているのなら、とても残念なことです。身のまわりにあるささやかな事柄から少しずつ変えていってみたらどうでしょうか。

現状満足タイプ（17～23点）

物事にこだわってみたり、反対に、あっさり引きさがったりするあなたは、現在の自分やその状況にほぼ満足している、いわば「現状満足タイプ」であるといえるでしょう。日頃の言動をいつも自分の意志で決めているのなら問題はないのですが、まわりの人の意見や圧力に動揺することが多い場合には、あなた自身のなかに現状に対する不満が芽ばえている可能性があります。

積極タイプ（24点以上）

自分の力量に自信があり、たいていのことは自分ひとりできちんとこなし、必要があれば臆することなくいろいろな働きかけができるあなたは、自分自身の言動や生き方を変えようとすることに積極的なタイプであるといえます。

このタイプの人は、「物事にこだわりすぎる」「バカ正直すぎる」「鼻もちならない」などと評されたり、積極的に変化を求めるあまり「移り気な人だ」と言われることもあるかもしれません。

自分を積極的に変えていくのはよいのですが、「おのれ自身を知る」ことも心がけていきましょう。

社会的性格には3タイプある

私たちは、人間社会の中で生きているため、社会の構造に適合した性格になりやすい面をもっています。時代によって社会が変化すれば、多くの人々の性格も変化していきます。このような性格をドイツの社会心理学者エーリヒ・フロムは、「社会的性格」と呼びました。米国の社会学者デイビッド・リースマンは、社会的性格を３つのタイプに分類しています。

伝統志向型

・権威にひたすら同調するだけで、自分独自の判断をしないタイプ
・近代以前の社会で一般的だった性質

内部志向型

・自分独自の価値観に従って判断し、行動するタイプ
・伝統にしばられない
・近代社会で多くみられる性質

他者志向型

- 自分自身の価値観をもたない
- 他人が何を考え、どう行動するかを気にかけている
- 他人の言動に同調することを行動の指針としているタイプ
- 現代社会で多くみられる性質

リースマンは、社会の時代的変化と対応させて社会的性格を論じていますが、私たちの周囲にはこれらの3つのタイプが混在しています。ブームのファッションを身につけた若者たち、受験や有名企業への就職活動などは、他者志向型の典型です。
ただ、たとえ他者志向型、あるいは伝統志向型で生きてはいても、本当は多くの人が内部志向型で生きたいと考えているのではないでしょうか。

他人の目を気にする自分から卒業したかったら、他人の言動にとらわれずに気持ちよく生きている人をお手本にしてみよう♪

個室の使い方にも人柄があらわれる

アメリカの大学教授たちが自分のデスクをどのように使っているかを調べた研究があります。それによると、教授たちは図に示すような２種類の配置で使っていることがわかりました。
こうした配置とそれぞれの教授の人柄に関するデータを比較したところ、おもしろい関係のあることがわかりました。

クローズ・タイプ

このデスクの配置を好む教授は、伝統やしきたりを重んじる傾向があり、学生にアドバイスする機会が少なかった。

クローズ・タイプでは自分のデスクが防御壁になる（この壁を利用して、ドアから侵入者を拒否し、自分を守ろうとするため）。他人とのコンタクトを嫌い、自分の殻をかたくなに守ろうとする気持ちがデスクの配置にあらわれている。

オープン・タイプ

このデスクの配置を好む教授は、学生にアドバイスを盛んにし、伝統やしきたりにとらわれない傾向があった。

オープン・タイプでは侵入者に背中をさらす格好になり、きわめて無防備になる。この配置では、他人の侵入を拒まず、無条件にこれを受け入れようとする気持ちがあらわれている。
そのため、他人からの働きかけを快く受け入れたり、伝統やしきたりにしばられたりすることが少なくなる。

職場の個室や、自宅の書斎などは主《あるじ》の人柄を読む格好の場。デスクの使い方などに注目すると、あなたの個性が見えてくるよ

(Hensly,W.E.,1982より作成)

権威に従ってしまう人の心理

強い人に弱く、弱い人に強く出る傾向がある

ひたすら権威に服従するような性格や人格を、権威主義的人格といいます。

このタイプの人は、権威に弱いだけではなく、自分より下位にいると考える人間に対しては自ら権威者のように振る舞い、自分に対する無条件の忠誠、服従を要求するという傾向があります。

複数の権威者が存在している場では、より上の権威者に従うことも特徴です。企業組織でいえば、課長より部長、部長より専務、専務より社長に従属するということです。このタイプの人は、会議の席などで、出席者の顔ぶれによって、コロコロと意見を変えたりもします。強いもの、権威あるものに憧れる気持ちも強く、自分が他の人の権威になることを望んでいます。

伝統や規則に対しては従順で、ものの見方が主観的、一面的であることも、権威主義的人格の特徴です。他人に対して自由を許さないだけでなく、自分に対しても自由を制限するので、堅苦しく融通が利かない面もあります。

上下関係の厳格な組織を好み、その中に身を置くことに満足感をもつので、軍隊や警察、官庁、大企業などに惹かれます。そのような組織の中で、権威主義的傾向はさらに強化されていくのです。

Column もし社会に権威主義者が増えてしまったら…

深層心理学的に見ると、権威主義は、逆らえば自分が被害を受けるような強力な存在（権威）に対する敵意を抑えると同時に、抑えた敵意を自分より劣る人に向けることで発散する心のしくみといえます。本人は、こうすることによって常に心のバランスをとっているのです。

これはつまり、権威に対してはマゾヒスティックに、弱いものにはサディスティックに対応するサド・マゾ的性格です。

権威主義的人格は、親が厳しかったために、親のいいつけに従順に従ってきた人、「よくできた子ども」に多いという見方もあります。

社会にこのような権威主義的な人が蔓延することは、ときに大きな問題を生みます。たとえば、貧しさや無力感をもつ人々が、現状から脱するために、強い権威を求めて無条件に従うようになる。その一方で、劣っている人々を抑えつけることで閉塞感を解消しようとする。こういったところに権威主義が育ってしまうのです。このような例は、世界でも数多くみられています。

ドイツでは、中産階級の人々が権威主義的な心情を持つようになったことでナチズムを受け入れ、その考えが蔓延する原因となった、とされているよ

相手にどう思われているか気になってしまう

あがってしまう理由とは？

あなたは人前に立つとあがってしまうタイプでしょうか？　たとえばたくさんの人の前でスピーチしたり、面接を受けたり、初対面の人と対峙する際にうまく話せなかったという経験はあるのではないでしょうか。

これは極度の緊張が原因で起こる「あがり」の現象で、対人不安のひとつに分類されます。

このようになってしまう人は、真面目な努力家で、完全主義的傾向の強い人に多く、恥をかきたくない、高い評価を得たいという隠れた願望を持っているために緊張が重なってあがりへとつながってしまうのです。自分の能力以上のものを自分自身に求めてしまう人も、そのような状態に陥りがちです。

あがりを防ぐには、「ダメでもともと」「失敗したっていいや」と開き直るぐらいのゆとりをもって、リラックスすることが大切です。声が震えたり赤面しても、その状態から逃げない勇気を持ち、少しずつ慣れていくことです。

人前で話をするときは、あらかじめ練習やリハーサルをしておくとよいでしょう。さらに、できるだけ場数を踏むことによって、人前で話したりすることに自信をつけるようにします。

自分が思っているほど、他人は人を見ていないものだよ

対人恐怖症のおもな症状

赤面恐怖
人前に出ると顔が真っ赤になる

視線恐怖
他人の視線を怖がって
相手の目を見られない

吃音恐怖
思うことを伝えようとすると
言葉がどもってしまう

こういった症状は、家族のような親しい人間関係やまったく知らない他人に対しては起こりにくく、それほど親しくない知人との間で起こりやすくなるよ

対人恐怖症になりやすい人は、「相手が自分のことをどう思っているのか」「どう考えているのか」についていつも気をつかって、大変なエネルギーを注いでいることが知られているんだ

人前であがらないためのコツとは？

入念な準備で「あがり」は軽減できる

第32代米大統領のルーズベルトは、ニューディール政策でアメリカ経済を立て直し、第二次世界大戦時には連合国の最高責任者として活躍しました。

彼が、アメリカ大統領として異例の4選を果たした人気の源は、わかりやすくて感銘深い演説にあったといわれています。ルーズベルトは、1分間の演説のために、1時間かけて原稿を書き上げたそうです。

話すことに不安を感じていたり、難しいことや言いにくいことを話そうとするとき、あがると、同じ言葉を繰り返す、言葉の一部を抜いて話す、話しはじめたことを途中で止める、言い間違える、などということが起こります。

一方、自信がある人の話し方は、声が大きい、休止時間が短い、スピーチの速度が速いといった特徴があります。また、確信をもって話している人は、熱心で、力強く、活発で、有能で、支配的で、自信があるとみなされることがわかっています。

ルーズベルトは、自信に満ちて聞き手に感銘を与える、わかりやすい演説をしていました。それができたのは、時間をかけて練り上げた原稿の内容に対する自信と、話し手の信念にもとづくものでした。

アメリカ心理学者**ディビッド・バス**は、対人不安が生じやすい状況を左ページの図のように分類しています。

あがるのを防ぐには、こうした悪影響を小さくする工夫をすればいいわけです。

対人不安が起こりやすい状況と対処法

1 聞き手の数が多くなるほど対人不安が生じやすい

→ 大勢の前で話すときも、一人ひとりと話すつもりで話す

2 親しい人より知らない人に話すときのほうが不安になる

→ 初対面の人についての情報がたくさんあれば、安心して話せる

3 周囲の人たちから注目されていると考えると不安になる

→「自分は他人から注目されるような器ではない」と思えば気が楽になる

4 フォーマルな場面で話すときほど不安になりやすい

→「気楽な集まりだ」と自分に言い聞かせれば、緊張感がやわらぐ

5 自分が評価されていると思うほど不安が生じやすい

→「ありのままの自分を見てもらうしかない」と度胸を決めれば、気にならなくなる

6 相手が自分の容姿、服装、身ぶり、話し方などについてコメントしたときや、自分のプライバシーが侵されたときに不安が生じやすい

→「人は人、自分は自分」と、他人の評価は聞き流す

Column

日本人はスキンシップが苦手!?

●スキンシップは本心を伝えるもっとも優れた方法のひとつ

左ページのイラストは、日本とアメリカの大学生の身体的な接触経験についての調査結果です。身体の各部分の色が濃くなるほど、それぞれの相手からの接触の経験が多くなることを示しています。図を見ると、アメリカ人に比べて日本人の身体は全体的に空白が目立ち、接触経験が少ないことがわかります。

日本人は子どものときには親子間で身体的接触（スキンシップ）を頻繁に行います。ところが成人になると、スキンシップでコミュニケーションをとらなくなるという傾向があるのです。

この原因として、日本人の「自分の気持ちがはっきり相手に伝わるのを嫌う」という性向が関係し、身体接触を通したコミュニケーションをできるだけ避けようとしているのではないかと考えられています。あなたはいかがですか？

スキンシップは、本心を伝えるもっとも優れたコミュニケーションのひとつであるといわれています。親しい人と信頼関係を築いていくには、ぜひスキンシップを意識しましょう。

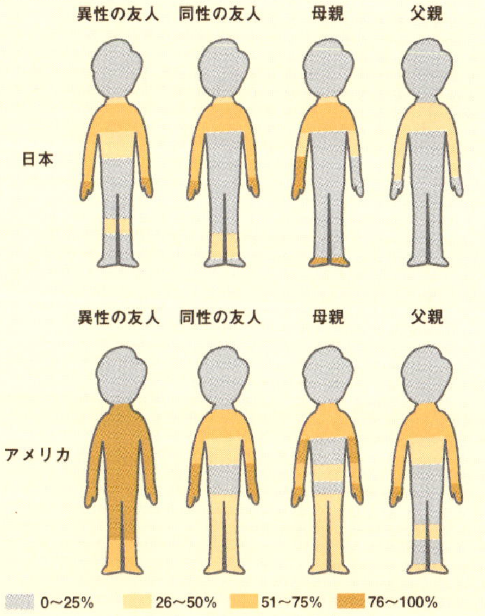
異性の友人
同性の友人
母親
父親
日本
異性の友人
同性の友人
母親
父親
アメリカ
0～25%
26～50%
51～75%
76～100%

D.C.バーランド著『日本人の表現構造』、西山千訳、サイマル出版より

スキンシップは、大人同士にこそ必要かもしれないね

孤独レベルテスト

あなたの生活を振り返って、それぞれの問いに対し、もっともふさわしいと思われる答えにチェックを入れてください。

強度 or 頻度 / チェック項目	よく思う	ときどき思う	めったに思わない	まったく思わない
1. 自分には話し相手がいない				
2. 普段、ほとんど1人で過ごしていて、それを不幸なことだと思っている				
3. 我慢できないほど孤独だ				
4. 自分には友だちが少ない				
5. 友だちをつくるのは苦手だ				
6. 自分のことを理解してくれている人は誰もいない				
7. 誰かから手紙や電話がかかってくるのを待っている				

8. 自分には頼りにできる人がひとりもいない				
9. 思っていることを話し合える人がまわりにひとりもいない				
10. 自分はのけ者にされていると思う				
11. 他人と接触し、会話をすることが苦手				
12. 自分の付き合い方は、表面的だと思う				
13. 本当は人と付き合いたいと思っている				
14. まわりの人に排除されていると思う				
15. まわりにたくさん人がいても、自分と心を共有している人は誰もいないと思う				
小計				
係数	×3	×2	×1	×0

合計　　　　　点

各項目に入ったチェックの数を集計し、それに係数をかけてすべてを合計してみましょう。満点は45点。数字が大きければ大きいほど、あなたが孤独だということを示しています。

「Russell et al.」(1980)の改訂版
「UCLA孤独感スケール」(1981) より作成

Column

人はどこまで孤独に耐えられるもの？

●3日以上耐えられない人がほとんど

1954年、実際にアメリカで行われた実験です。

それは防音装置のついた部屋の中、たったひとりで1日を過ごすというもので、食事とトイレ以外はただひたすらベッドに横たわり、五感をさえぎるためにレンズを半透明にしたメガネをかけ、頭にゴム枕を、腕には筒状のカバーと手袋を着用します。

これは、人が孤独状態にどれだけ耐えられるかを調べるのが目的でした。

高額な報酬だったにもかかわらず、この実験に3日以上耐えられた人はほとんどいませんでした。8時間以上経つとイライラした様子が見られ、ひとり言が多くなり、数日後には、幻覚が見えたり、手が震えたりして、呼びかけへの答えも遅くなったと報告されています。

この実験からは、人の心が正常に働くためには常に外からの新しい刺激が必要だということがわかります。

孤独を感じたら外に興味をもとう

しかし、大勢の人に囲まれていても、孤独を感じる人も多いのではないでしょうか。まわりの話についていけなかったり、浮いているなと思えば孤独だと感じます。

一方、誰かと精神的につながっている感覚があれば、たとえばひとり暮らしだとしても孤独感はありませんね。

あなたが孤独を感じてしまったときに大切なのは、習い事でもボランティアでもいいので、外とのかかわりをもつことです。

あなた自身が興味をもってやれることを選んでいると、同じ興味や価値観をもつ人とつながることができます。同じ価値観を共有できる人たちができれば、「自分だけがひとり」という感覚は、次第にやわらいでいきますよ。

あなたのリーダーシップタイプをはかる心理テスト

Ｑ１からＱ６の問いについて、ＡとＢの回答のうち、あてはまるほうにレ印をつけてください。

Q1　５人で話し合いをすることになりました。
あなたは、どちらのテーブルを用意しますか。

□ **Ａ　角テーブル**　　□ **Ｂ　楕円のテーブル**

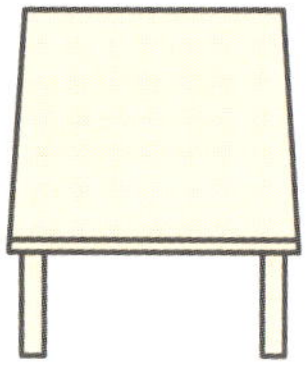

Q2

それぞれの側に椅子が３脚ずつある角テーブルで、
５人で話し合いをすることになりました。
あなたはどちらの側の席に座りますか。

- □ **A　２人になる側**
- □ **B　３人になる側**

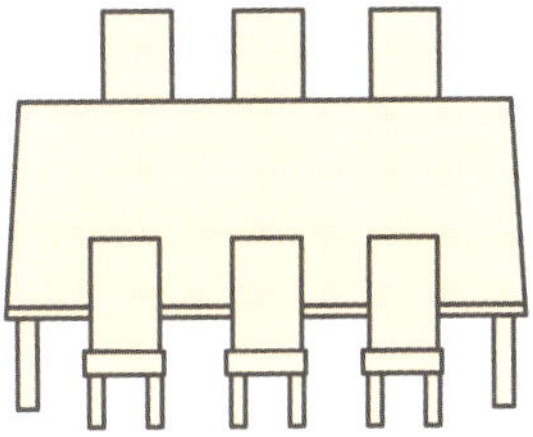

Q3

８人がけの角テーブルで会議を行うとき、
あなたはどちらの席を好みますか。

- □ **A　部屋の奥の短い辺にある席**
- □ **B　長い辺の中央の席**

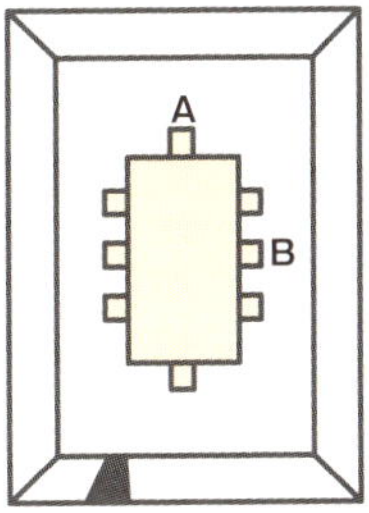

Q4

角形デスクと接客用の丸テーブルがあります。
あなたは、部下や来客と話すとき、どちらを好みますか。

- [ ] **A　角形デスクで向かい合って話す**
- [ ] **B　丸テーブルで斜め向かいに座って話す**

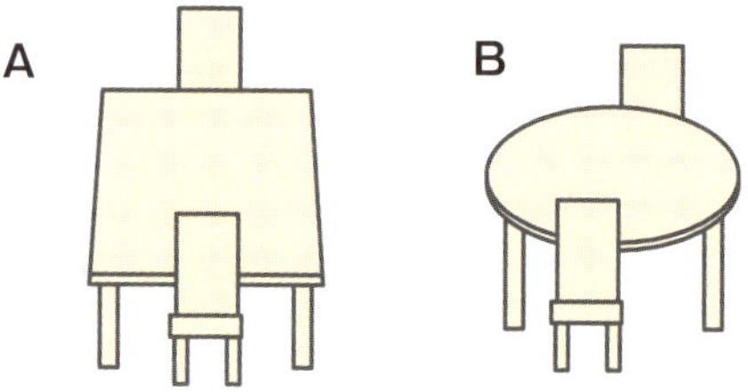

Q5

専用のオフィスがあるとしたら、あなたはデスクを
どのように配置しますか。

- [ ] **A　デスクを出入り口に向け、
ドアに向かって座る**
- [ ] **B　デスクを窓に向け、ドアを背にする**

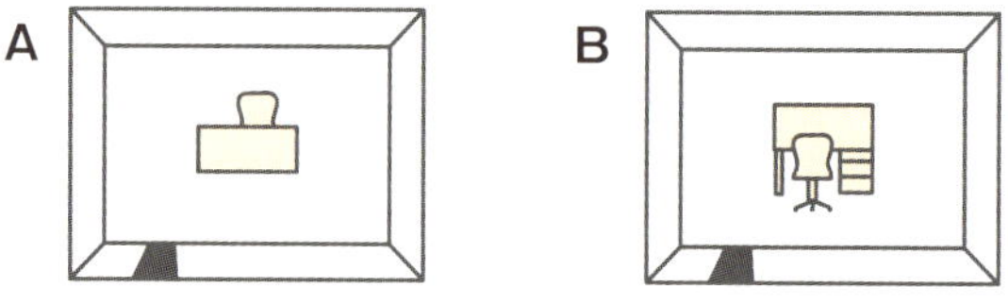

Q6 次の問いで、あてはまるものにレ印をつけてください。

- □ 自分のデスクの上や引き出しのなかは、いつも整理整頓されている
- □ 他人のボールペンやメモ用紙などを使うことはない
- □ 自分のデスクの上に、他人が私物を置くと不快になる
- □ 間仕切りなどで、自分のデスクを囲いたいと思う
- □ 各自専用のロッカーや引き出しが必要だと思う

Q６でレ印の数は、次のうちどちらでしたか。

- □ A　３つ以上
- □ B　２つ以下

合計 Aの数　　　　個・Bの数　　　　個

診断 あなたがリーダーになったときのタイプを診断します。

Aの数が多かった人　→ **仕事優先型**

Bの数が多かった人　→ **人間関係優先型**

AとBが同じ数　→ **中間型**

解説
あなたは何タイプのリーダーですか?

この心理テストは、あなたがリーダーになったときに、どんなタイプのリーダーになるかを判断するものです。Aは、「仕事優先型」リーダーを、Bは「人間関係優先型」リーダーを示します。数が4つ以上のとき、それぞれの典型的リーダーになります。○の数が3つであるときは中間型のリーダーとなります。

仕事優先型リーダーの特徴

何事にもマイペースな人です。話し合いの場では、やや強引に、自分の意見を通そうとします。どちらかというと権威的で、上下のけじめをはっきりさせたいと思っています。
率先して引っ張っていくリーダーとしてのイメージが強いはずです。親しみにくいと思われる可能性もあるので、聞く姿勢をもっとアピールしたほうがいいかもしれません。

人間関係優先型リーダーの特徴

じっくり話し合うタイプの人です。全員の意見を大切にします。いろいろな人から相談をもちかけられたり、助言を求められたりすることが多いでしょう。
親しみやすいリーダーとの印象が強い反面、少し頼りないリーダーと思われているかもしれません。自己主張することが信頼感につながることもあります。

テーブルにまつわる心理

円卓

「公平」「対等」「親しさ」を感じる
→ 腹を割って話がしたいときに効果的

長方形の角テーブル

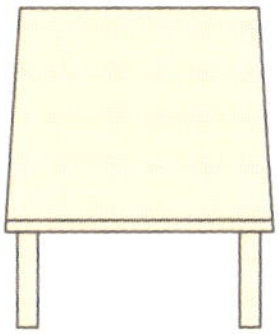

「権威主義的」「攻撃的」と感じる
→ リーダーシップを発揮して
会議などを進めたいときに効果的

角テーブルの短い辺には、課題の解決を最優先するリーダーが座り、長い辺の中央の席は、人間関係を重視する情緒的なリーダーが座る傾向にあるんだよ

少人数の側に座ったほうがリーダーシップをとりやすいよ！

あなたの恋愛変身度がわかる心理テスト

あなたが恋に落ちたときに、どれくらい変わるのかが見えてくる心理テストです。直感に従って答えてみましょう。

Question 1

喫茶店に行ったとき、彼が■の席に座りました。あなたならどこに座りますか。AからCの中からひとつ選んでください。

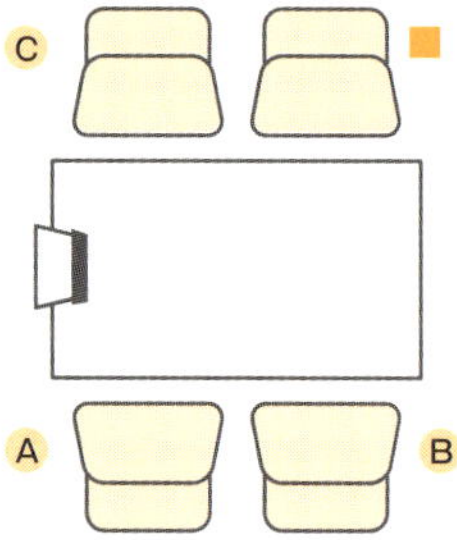

Question 2

4つの寝ぞうの絵が書いてあります。あなたがいつも好んでとる寝姿をひとつ選んでください。

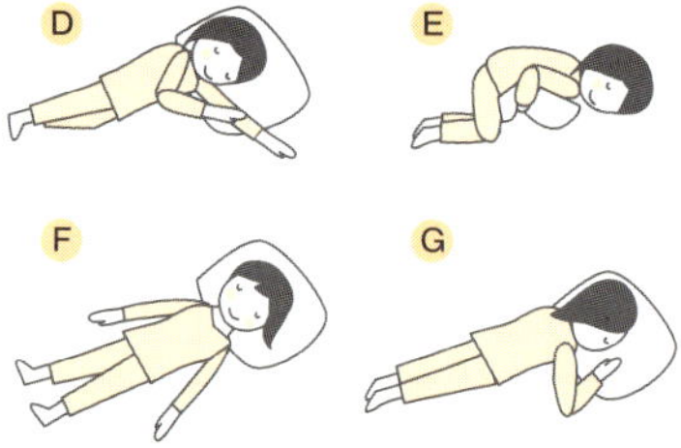

Question　3

彼と話をするとき、どちらのスタイルで話しますか。ひとつを選んでください。

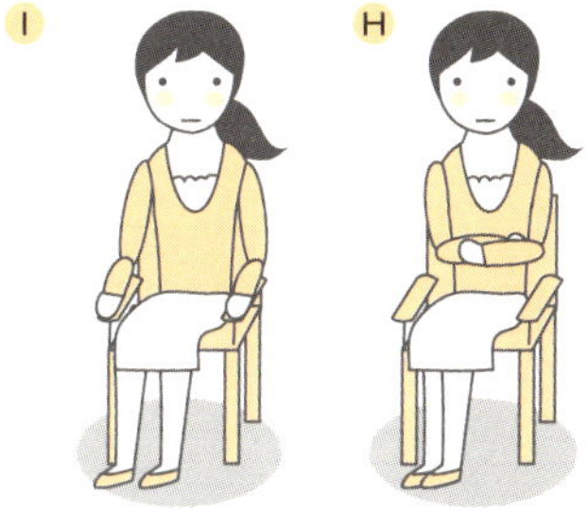

Question　4

「12 × 13」の答えを出してください。頭の中で一生懸命計算しているとき、あなたの目玉は左右どちらを向いていますか。いずれかひとつを選びましょう。もし自分でよくわからないときには、近くの人に見てもらってください。

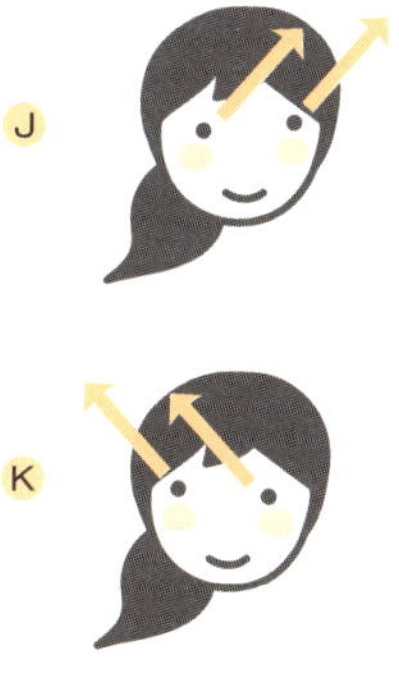

Question　5

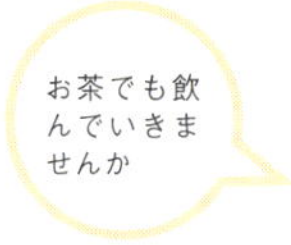

お茶でも飲んでいきませんか

L
ちょっと都合が悪いので先に帰ります
M
（本当は都合が悪いのだが）いいですよ

絵のような場面のとき、あなたならどう答えますか。L・Mのうちいずれかひとつを選んでください。

Question　6

N 赤色系

O 青（あるいは緑）系

P 白か黒系

あなただったら、右の女性にどんな色の服を着せたいと思いますか。３種類の中からひとつ選んでください。

Question 7

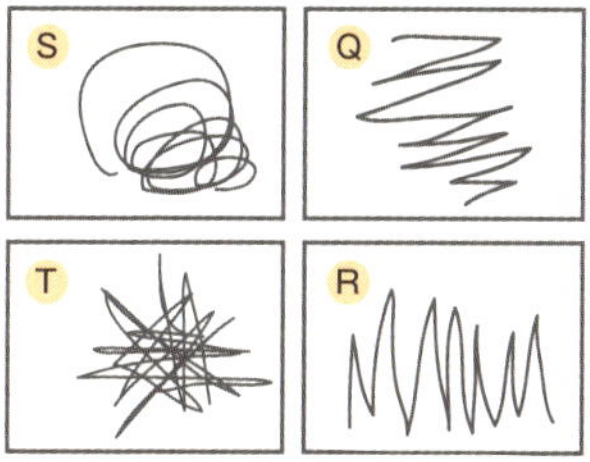

上の欄に「なぐり書き」をしてください。
次にあなたの「なぐり書き」に近いものを４つの中からひとつ選んでください。

あなたは恋で変わるタイプか、変わらないタイプか

回答欄（アルファベットの記号）に○をつけておき、それぞれの点数を合計してください

記号	A	B	C	D	E	F	G	H	I	J
点数	1	2	3	2	3	2	1	1	2	2
記号	K	L	M	N	O	P	Q	R	S	T
点数	1	1	2	3	2	1	2	1	1	2

TOTAL

タイプ分けの基準		
7→10点 変わらないタイプ	11→13点 ポーカーフェイス・タイプ	14点以上 変わるタイプ

恋愛変身度3タイプ

変わらないタイプ（7～10点）

このタイプの人は、理性的で安定しており、人間的なあたたかさも持ち合わせている一方で、相手を突き放して見る傾向があります。そのため、愛情は深いにもかかわらず、どことなくよそよそしい感じがあり、冷たい女性だと誤解されることもあるでしょう。
なかには、自分を守ろうとする気持ちが強く、恋人に対してさえプライベートな面を見せようとしない人もいます。その傾向があまりに強いと、恋人を愛する気持ちが相手に伝わらないため、恋がなかなか発展しなかったり、人間関係に不信感が生まれてしまうということになります。
また、何事も自分が中心となって進めようとする人もいます。この場合、相手がよほど包容力のある人でない限り進展しません。
このタイプのあなたは、ときには理性や自分のよろいをかなぐり捨てて、思いきって恋人の胸のなかに飛び込んでみたらどうでしょうか。以前とは違った恋が芽生えるかもしれません。

ポーカーフェイス・タイプ（11 ～ 13 点）

このタイプの人は、ときには相手を突き放し、ときには相手に自分を合わせることができます。うまく恋愛を持続させ、育てあげることのできるタイプだといえそうです。
このタイプの人は、結婚することが周囲の人たちにわかると、驚かれたりします。恋愛していることが身近な人にさえわからないくらいポーカーフェイスの恋をするからです。
このタイプのあなたは、どの点がどこまで譲歩できるのか、あるいはできないかをよく見極めましょう。そのうえで、恋人の要求と自分の立場との関係を上手に調整していくことで恋がうまく育つことになります。

積極タイプ（14 点以上）

このタイプの人は大変情熱家で、積極的に恋人に言動を合わせていこうとする姿勢があります。ときには男性に依存しすぎてうんざりされることもあるかもしれません。
必要以上に恋人の世話を焼くタイプの人もいます。男性にとっては、世話を焼かれるのは愛情が感じられてうれしいものですが、ほどほどを心がけましょう。
相手に言われるがままに行動したり、相手のためにいろいろしてあげること＝愛していることと思うのは、恋愛という魔術が生みだした錯覚です。恋をしていることで、恋人に対してだけでなく、友人や家族に対しても寛容になったり、優しくなったりするように変われば、あなたを見る周囲の目も変わるでしょう。
恋愛によってあなたの評価が高くなるような変わり方をしているかどうか、振り返ってみる余裕が必要かもしれません。

これだけは押さえておきたい 人間関係のルール

日常生活の中では、さまざまな相手とさまざまな場面で、望ましい人間関係をつくる必要があるわけですが、それにはかなり高度な能力を必要とします。

イギリスの社会心理学者M.アーガイルとM.ヘンダーソンは、何を話題にし、感情をどのように出すべきかといった観点で人間関係におけるルールを分析し、イギリス・イタリア・香港・日本で行った調査から『人間関係のルールとスキル』（北大路書房）という本をまとめました。ここでは、彼らの理論にもとづいて、重要なルールを要約して紹介します。

すべての人間関係に当てはまる基本的なルール

1　相手のプライバシーを尊重する。
2　相手の目を見て話す。
3　秘密の話を第三者に漏らさない。
4　人前で相手を批判しない。

嫌いな相手との間で守ったほうがよいルール

1 お互いの関係が公正であるように努める。
2 相手が自信をもって語った話の内容を批判しない。
3 自分の好きなように相手の時間が利用できると考えない。
4 相手を無視しない。
5 予告なしに訪問しない。
6 借りや好意に対してお返しする。
7 うわべだけの好意的な感情をあらわさない。

同僚の間で守ったほうがよいルール

1 仕事の負担を公平にする。
2 照明や温度、騒音などの作業環境を協力して改善する。
3 求められたら、喜んで援助する。
4 嫌いな人にも協力する。
5 上司に告げ口しない。
6 相手を姓だけでなく、ときには名前や愛称で呼ぶ。
7 相手に助けを求めたり、相手を助けたりする。
8 お互いのプライバシーに立ち入りすぎない。
9 借りや好意にはお返しをする。
10 相手がその場にいないときには、その人を弁護する。

上司が守ったほうがよいルール

1　仕事を効率的に計画し、それを部下に割り当てる。
2　部下が成長、進歩するように励ます。
3　部下に忠告したり、部下を批判したりして励ます。
4　部下の能力に嫉妬しない。
5　よく説明をしないで、一方的に要求しない。
6　部下の個人的な事情によく配慮する。
7　厳密に監督し、管理しすぎない。
8　借りや好意に対してお返しをする。
9　部下との間に個人的な金銭問題をもたない。
10　部下に影響するような決定や問題については、事前にその部下と相談する。

一方的に叱ったり、感情的になったり、私情を持ち込んだりすることは厳禁だね

部下が守ったほうがよいルール

1　命令がはっきりしないときは、躊躇しないで質問する。
2　自分ができるところは率先して行う。
3　自分の考えを出し、それを実行したり、守ったりする。
4　まず上司に不平を言ってから、他人に不平を漏らす。
5　明るく快活にふるまう。
6　服従的になりすぎない。
7　批判は喜んで受け入れる。
8　命令を喜んで受ける。
9　上司の悪口は言わない。
10　上司の指示に従う。

負の感情をむき出しにしたり、上司の尊厳を踏みにじることはしないというのが鉄則だね
それぞれの人間関係には、それぞれのルールがあるから、紹介した項目をしっかり守れば、人付き合いは円滑になるよ♪

相手から好きになってもらうには「相談する」こと

人は相談されるとうれしいもの

人は誰でも、相談されるのがうれしいものです。人に頼られたということは、自分が他人にとって信頼できる人物であることのあらわれだからです。

相談してきた相手にアドバイスをしたり、感心して聞いてもらえることを通して、人の役に立っているという感覚や、自分がその人より偉いという優越感も味わうこともできます。

相談してしまうことは、迷惑になるのではないかと考える人も多くいますが、相談された側は、頼ってきた人に対して、できるだけ有効なアドバイスをしようとします。

自分が一生懸命関わることを「自我関与」といいますが、人間は、自我関与が高いほど、その人に好意を持つ傾向があります。相談にのる、のられる、という行為を繰り返していると、自我関与が高くなります。

話しベタ・お願いベタな人ほど頼ることを恐れずに

たとえば、お金を貸すと、それまでより貸した相手に好意を持つようになる、という実験結果があります。言葉だけとらえると不思議な現象です。それも、高額のお金を貸した人ほど相手への好意が高くなるのです。

これはどういう心理からきているかというと、貸した人は、もし返してもらえなかったら、自分に都合の悪いことになる。ですから「あの人はきっと返してくれる、しっかりした人だ」と信じたいのです。

金額が高いほど、自分がお金を貸したことを合理化したい気持ちが働き、貸す前より、その人の評価が高まってしまうというからくりです。

昔からの言葉で「バカな子ほどかわいい」といいますが、これも、バカな子に迷惑をかけられっぱなしでは、自分が損をした気持ちになります。

そこで、「私はあの子がかわいいから、迷惑をかけられても許せるのだ」と解釈をすり替えて合理化する意識が働き、バカな子ほどかわいくなってしまうのです。

あなたも、男女問わず、この人には好かれたいと思う相手がいたり、説得したい相手がいるなら、相談するクセをつけてみてください。相手に損失を被らせてしまうような形ではなく、「わからないので教えてください」と素直に相談するスタンスでいれば、好かれる人になっていきます。

コミュニケーションが苦手な人こそ、ぜひ試してみてね
話し上手な人ばかりが好かれるとは限らないんだよね

親しくなりたいなら、食事は同じものを注文する

食事には緊張をやわらげる効果がある

アメリカの実験で、コーラとピーナッツを食べさせながら説得すると、成功率が高かったという結果があります。

食事をするという行為は、緊張を緩和します。仕事で激しいミーティングや意見交換をしているときとは違い、何かを食べるとき、人はリラックスします。その結果、話す事柄も友好的になっていくのです。

一方、お腹がすいているときは、怒りっぽくなるものです。そんなときに話し合いをしても、話し合いは発展的にならず、余計な言い争いを生んでしまいます。

お腹が満たされた心地よい状態で話をすれば、仕事のミーティングもうまくいき、プライベートでもふたりの親密感が高まります。このとき、同じものを注文するとよいでしょう。

好きな相手の真似をすれば相手もこちらを好きになる

人間は、相手に類似点を探し、類似点が多いほど好感を持ちます。また、好きになった相手のことは、真似したいと思うものです。無意識のうちに、自分のファッションが、いいなと思っている人に似てきたりすることがあるのではないでしょうか。

こんな実験があります。初対面の人同士（2人）を部屋に入れて、そのうちのひとりに相手のしぐさなどを真似しながら会話してもらうというもので、

相手が顔に手をやれば、自分も顔にやり、相手が姿勢を変えたら、自分も変える…といったようにします。

　すると、真似されている人が、相手を好きになる確率がとても高くなることがわかりました。「好きになると似てきてしまう」だけでなく、「似せてしまえば好きになる」ともいえるのです。

　あなたが好意をもってもらいたいと思っている相手のことは、どんどん真似してみることをおすすめします。

食事をしながらしぐさも真似してみると、さらに効果的だね
この法則は仕事でも使えるよ

Column

気になる異性と親密になりたいときに利用すべき場所

●人間は近くにいる人を好きになる

人間には、ドキドキするシチュエーションがあると相手を好きになりやすいという特性があります。同じように「近くにいる人を好きになる」という特性もあるのです。

アメリカの文化人類学者の**エドワード・ホール**は、人と人との物理的距離を、心理的距離に関係させて8つのゾーンに分類しています。

その中でもっとも近い0〜15センチメートルの距離では、心理的には愛撫、格闘、慰め、保護のために利用される、かなり親しい人同士が使う距離です。この距離では、言葉によるコミュニケーションの役割が小さくなります。

次に近いのは15〜45センチメートルの距離で、手で相手の身体に触れることのできる距離です。こちらも親しい者同士に多く、恋人同士は、この**密接距離**をよく使います。そのため、恋人でもない異性が、密接距離に入ってくると、急にその人を意識してしまうことがあるのです。

●口説くときはレストランより隣り合わせのバーで

心理的な距離が縮まると、物理的距離も縮まりますが、反対に、心理的な距離を縮めるために物理的距離を縮めることを利用できるのです。気に入っている異性との距離を縮めたいときには、レストランでテーブルをはさんで向かいあうより、バーのカウンターで隣りに座りましょう。先に恋人同士の距離にしてしまえば、結果が後からついてきやすくなります。

ライバルがいる場合は、他の人より先に物理的な距離を縮めてしまおう

付　録

心理テスト

ここでは自分を知ることのできる
12の心理テストをご紹介します。
楽しみながら直感にしたがってテス
トに取り組んでみてね♪

心理テスト 1

最近のあなたの行動を振り返って、思い当たる項目をすべて選んでください。

- ●あまり融通がきかない。
- ●必要もないのに、つい時計が気になってしまう。
- ●何事にも、がまんがきかない。
- ●よく理屈の通らない無理な要求をしてしまう。
- ●かんしゃくやヒステリーを起こしやすい。
- ●「あなたはきまじめすぎるね」と言われることが多い。
- ●あまり人と会話していない。
- ●のんびりすることに抵抗がある。
- ●風邪、頭痛、消化不良、胸やけ、下痢、便秘などの不調がある。
- ●気づくと物思いにふけるクセがある。
- ●飲み過ぎたり、食べ過ぎたりしがちだ。
- ●他人とすぐ口論になってしまう。

A　6項目以上の人は、ストレス大！

解　説

3項目以下の人は、ストレス管理に気をつければ問題ありません。

6項目以上該当する人は、すぐにでもストレス対策を行いましょう。

ストレスは３つに分類されるよ

①物理的・科学的なストレス（暑さや寒さ、ケガ、騒音、悪臭、排気ガスなど）
②生理的なストレス（飢え、感染、過労など）
③心理的・社会的なストレス（人間関係から生じる葛藤、不安、緊張、不満、怒りなど）

③のストレスは胃潰瘍や心筋梗塞、高血圧などに関係しているから、溜めこまないようにね

心理テスト 2

次の項目のうち、あなたに当てはまるものはいくつありますか。

- 自分の気分の変化に敏感だ。
- いつも自分の感情に注目している。
- 何かに熱中しているときも、自分の心の動きを意識する。
- 自分自身のことについてよく考える。
- いつも自分を理解しようと心がけている。
- 「なぜ自分がそのような行動をしたか」ということについてよく考える。
- 自分を細かく調べるクセがある。
- いつも自分の存在を意識している。
- よく自分を主人公にした空想をする。
- 自分を外からながめていることがときどきある。

A　5つ以上該当する人は自己中心的な傾向あり

解　説

このテストでは、あなたの自意識（自分自身に注意が向いている状態）がどの程度のものなのかがわかります。

該当する項目が多い人ほど、自分の内面に強い関心をもっているといえます。この場合、「私が一番！」と自身を過大評価していたり、「私ばかりがんばっている」と思い込みがちです。該当項目が多かった人は、自分に厳しく他人に甘く、というぐらいの心持ちでいましょう。

このテストはフェニグスタインたちが開発した「私的自己意識の項目」（『対人行動とパーソナリティ』を引用したものだよ

心理テスト 3

次の中であなたに当てはまる項目はいくつありますか。

- 言い合いになると声が大きくなるほうだ。
- ときどきおどし文句を使うことがある。
- どなる相手には、どなり返して応じる。
- 自分の権利は遠慮なく主張するタイプだ。
- ほかの人とよく意見が対立することがある。

A　3項目以上該当する人は「攻撃的人間」

解　説

このテストはアメリカの心理学者ディビッド・バスが考案した「言語的攻撃尺度」をもとにしたもので5つすべてが攻撃的反応の項目です。3項目以上該当する場合は、攻撃的になっているといえます。

攻撃性の高い人は3通りのタイプに分類できるよ

①攻撃を道具のように利用するタイプ…意図的に攻撃を加えて目的を達成しようとする
②攻撃によって怒りを爆発させるタイプ…権力や支配を得るためでなく、他者を苦しめたり傷つけたりするために攻撃する
③攻撃して相手を困らせることに快感を覚えるタイプ…悪ふざけや無用な争いで攻撃そのものを楽しむ

自分のタイプを知ってコントロールしよう♪

心理テスト 4

相手から問いかけられたとき（たとえば、「どこの会社にお勤めですか?」など）次のようなことがありませんか。思い当たるものをすべて選んでください。

- 30 秒ぐらい返答できないことがある。
- 口ごもったり言い間違えたりしてしまう。
- わざとふざけたり、身体をゆすったりしてしまう。
- 問いかけられた言葉を復唱してしまう。
- 棒読みのように単調に返答する。

A　当てはまるものがある＝コンプレックスがある証拠

解　説

このテストは**連想検査法**というコンプレックスを調べる際の指標をもとにしたものです。聞かれたときに、すぐに答えられなかったり、聞き返したりする場合は、その聞かれた事柄に関してコンプレックスがある証といえます。

劣等感という概念の生みの親といわれるオーストリアの精神分析学者**アルフレッド・アドラー**は「人間であるということは、自分が劣等であると感じることである」と言っているよ

劣等感は成長の原動力にもなるよ。自分の劣等感を認めて明るく克服しようとする人は魅力的だよね♪

心理テスト 5

次の項目のうち、あなたに当てはまるものをすべて選んでください。

●どんなグループの中でも一番になりたい。
●人と競争するときのスリルがたまらなく好きだ。
●負けず嫌いなタイプだ。
●スポーツは勝つことが大切だと思う。
●勝ち負けがはっきりするゲームやスポーツを好む。
●自分より魅力的で、能力の高い人に会うと不愉快になる。
●他人から挑戦してこられるとやる気が起こる。
●負けたら、「次はもっとがんばらなくては」と興奮する。
●負けてもさわやかな顔をするのは、やる気がない人だ。
●勝つためにはどんな犠牲をも払う。

A　7つ以上選んだ人はかなり競争心が強い人

解　説

このテストはあなたが負けず嫌いかどうかがわかるテストです。

3つ以下の人は、きわめて競争心が弱いといえます。

4～6つ以下の人は、標準的な競争心の持ち主です。

7つ以上選んだ人は、かなり競争心が強く、優越感を味わうのが好きなタイプです。

人と競争してばかりいるのも疲れちゃうよね♪

心理テスト 6

うどん屋のカウンターに座って注文してから、何分ぐらいすると「遅い！」とイライラしはじめますか。

①3分

②8分

③12分

A イライラまでの平均時間は６分

解　説

このテストでは、あなたのイライラ度がわかります。

①を選んだ人…何でも自分を最優先するわがままタイプ

②を選んだ人…その場の状況に合わせることができるがまんタイプ

③を選んだ人…相手に合わせすぎる気おくれタイプ

ある実験データでは、デートで待てる時間は、男性が31分、女性は67分だったそうだよ。あなたは何分待てるかな？

心理テスト 7

500円硬貨の大きさを思い浮かべてください。そして紙の上に、イメージしたその大きさを描いてください。それから、あなたが描いた円の上に500円硬貨をのせて、本物の円の大きさを描いてみてください。その結果は、①②③のどれになったでしょうか。彼、あるいは彼女と一緒に描いてみると、結婚してからの2人の経済感覚がわかるはずです。

①自分が描いた円は、本物の500円と同じ大きさ。

②自分が描いた円は、本物の500円より大きい。

③自分が描いた円は、本物の500円より小さい。

結婚を決意するときの参考になるかもしれないよ～♪

A　③の人がもっともお金にルーズ

解　説

このテストでは、あなたの経済感覚が見えてきます。

①の人は経済感覚度100。 500円硬貨に特別な価値をおいていません。無駄遣いはせず、クールで客観的にお金をとらえています。

②の人は経済感覚度70。「500円あれば、あれもこれも買える」と500円の価値を高く見積もっています。経済感覚は高いものの、お金に価値をおきすぎるタイプともいえます。

③の人は経済感覚度40未満。「500円は小銭にすぎない、 気楽に使える」と考えており、お金の使い方にルーズな面があるともいえます。

大学生に実施した実験では、大きく描いた人が22%、小さく描いた人が58%だったというよ

心理テスト 8

初対面の人と会ったとき、最初に気になるものは何でしょう。あるいは、知人や恋人と会ったとき、顔の次に目にとめるのはどこでしょう。次の中からひとつ選んでください。

①靴

②シャツ

③かばん

④相手の指先

A ①は富、②は精神、③は期待と不安、④は愛情

解 説

このテストでは、あなたが深層心理で相手の何に関心をもっているかがわかります。

①を選んだ人は、相手の権力や富に強い関心をもっている（靴は高貴さと富の象徴）。

②を選んだ人は、他人を見るときに、物より精神的なものを判断基準にしている（シャツには持ち主の魂や心が宿っていると考えられている）。

③を選んだ人は、相手に期待感と不安感の両面の感情をもっている（かばんは期待と不安の象徴）。

④を選んだ人は、お金や物よりお互いの人間関係や愛情を大切にする（指が気になる＝相手がどんな生活をしているか興味がある）

心理テスト 9

同僚と居酒屋に入りました。テーブルに座ってから、あれこれ注文するとき、あなたはどんな頼み方をするでしょうか。次の４つの中から１つを選んでください。レストランでオーダーを出すときや、喫茶店でケーキを注文する場面に置き換えることもできます。

①「今日のおすすめ品は何?」とか、「何か珍しいものある?」と店の人に尋ねてから、注文を決める。

②テーブルに座ってすぐ、「まず、ビール！」、「あと、何かおつまみを出して！」と注文する。

③「何にする?」と、同僚に聞いてから注文を決めるか、同僚の注文を聞いてから自分の注文を決める。

④どこの店に入っても、自分の好きなものを注文する。

A ③を選んだ人は優柔不断度100!

解 説

①を選んだ人は優柔不断度80。周囲の人が自分に期待しているとおりの言動をとらなくてはいけないと考える傾向があります。

②を選んだ人は、優柔不断度10未満。いきすぎるとひとりよがりになりますが、他人を引っ張っていくリーダータイプです。

③を選んだ人は優柔不断度100。「いつも仲間と同じような言動をとりたい」と考え、他人の言動に振り回されがちです。

④を選んだ人は優柔不断度50。物事を単純化して考えるタイプで、「よい悪い」「好き嫌い」を物事の判断基準にします。

ひとりでやれば99%以上の正解率になる課題でも、自分以外の人が同じ答え（誤答）の場合、80%以上の人が、その答えが間違っているとわかっていても誤答に同調するといわれているよ

心理テスト 10

次の項目には、お金にまつわる身近な事柄が書かれています。それぞれの項目のうち、あなたに当てはまるものをすべて選んでください。

①安売りの広告を見ると、とくに必要でもないのに、それを買ってしまう。

②余裕があるのに、お金を使うことに罪悪感を抱きがちだ。

③自分の財布やポケットの中に入っている小銭を１円単位で把握している。

④余分なお金があるとすぐ貯金する。

⑤自分より多額のお金を財布に入れている人を見ると劣等感をもつ。

⑥お金に余裕があっても、他人には「お金がなくて……」とよく話す。

⑦「最後に頼りになるのはお金である」と考えている。

⑧お金持ちの人を見下すことがある。

A　5つ以上当てはまる人はお金にもてあそばれがち

解　説

この設問は、あなたがお金にもてあそばれていないかどうかをはかる心理テストです。

各項目の特徴をもつ人は、お金にまつわる神経症的な問題を起こしやすいと考えられています。項目ごとに、お金にまつわる深層心理を見ていきましょう。

⑦を選んだ人は頼りになるのは他人の愛情ではなくお金だけだという心理をもっています。①③を選んだ人は、お金がないと合理的な判断ができなくなってしまう傾向があります。②④⑥を選んだ人は、自分の本心を隠して極端に反対の立場をとろうとします。これは反動形成という現象で、「お金を好きなだけ使ってみたい」「でもそんなことをしたら、まわりに非難される」といった思考をもってしまうのです。

⑤⑧を選んだ人は、地位や肩書に敏感で、お金持ちに劣等感を抱きがちです。「自分はお金持ちではない」という劣等感を認めたくないために、お金持ちを見下すという行動にいたります。

心理テスト 11

次の各項目のうち、あなたにはいくつ当てはまりますか。

●異性を相手にすると、思うように話ができなくなる。
●他人と話すとき、ピントはずれの話をするのではないかと不安になる。
●人がいると、言動がぎこちなくなる。
●人が多い場にいると、かたくなってしまう。
●相手の目を見ないで話すことが多い。
●よく知らない人と同席すると緊張する。
●パーティーや公式行事のときは、ずっと居心地が悪い。
●初対面のとき何を話せばいいか戸惑ってしまう。
●目上の人と話すときは、緊張してしまう。

A　6項目以上当てはまる人はかなりの恥ずかしがり屋

解説

この設問は、あなたのシャイネスをはかる心理テストです。シャイネスとは、他人と相対する場面で、不安を感じる、緊張する、不快感をもつといった、人とのかかわりに負の感情をもつことを指しています。シャイネスの高い人には、次の3つの特徴があります。

①目立つことを嫌うため、他人に注目されると、不快感をもったり当惑したりする

②自分から話しかけることができない。周囲からは楽しくなさそうだと思われる

③自分が話すより、相手の話を聞くのが好き

聞き上手であることは大切だけれど、あまりに自分から話さないと、相手に気をつかわせたり、「楽しくないのかな」と思わせてしまったりするよ。話しベタだという自覚があるなら、表情やリアクションだけでも大きくするように意識しよう

心理テスト 12

あなたに当てはまると思われるものをすべて選んでください。

- 毎週のように、嫌な人に出会う。
- 「人生は不公平だ」と、ときどき思う。
- 本気で「憎い」と思った人がいる。
- 思い出すと、今でも腹が立つことがある。
- これまで何度かチャンスを逃したのでは、と思うことがある。
- 表には出さないが、周囲の人に嫉妬を感じることがある。
- 「感じたことをそのまま口にしたら、人は私から離れていく」と思っている。
- 「他人はチャンスをうまくものにしている」と感じるときがある。

A 該当数が多い人ほど嫉妬深い

解 説

この設問は、恨みや嫉妬心をはかる心理テストで、アメリカの心理学者ディビッド・バスが考案した「恨み尺度」を参考に作成したものです。紹介した項目は、すべて恨みの感情をもったときの反応をあらわしているので、該当する項目が多い人ほど恨みや嫉妬心を抱きやすいタイプということです。

嫉妬深い人には、大きく5つの特徴があります。

①自尊心が低い

②自分自身についての評価が定まっていない

③自分の意見をもっていない

④理想の自分と現実の自分との間にズレがある

⑤富や名声、身体的な魅力など、他人が気にしがちなことにこだわる

「ここでまわりの人に埋もれないで一番になるぞ！」と嫉妬心を原動力にできたら、大きな目標を達成できるよ♪

おつかれさま〜

ここは心理テストの最終ページだよ。心理テストはこの本のうしろのページからはじまるよ

索引 index

た

な

は

索引 index

□＝付録ページ

【著者紹介】

渋谷　昌三（しぶや・しょうぞう）

◉——1946年、神奈川県生まれ。東京都立大学大学院博士課程修了。心理学専攻、文学博士。山梨医科大学教授を経て、現在、目白大学教授。

◉——非言語コミュニケーションを基礎とした「空間行動学」という研究領域を開拓し、人のしぐさや行動から深層心理を探ることを中心テーマとしている。また、扱うジャンルは自己発見の心理学、人間関係の心理学、ビジネス心理学、恋愛心理学まで幅広い。

◉——おもな著書は『人の心が読みとれる心理学入門』『人には聞けない恋愛心理学入門』『手にとるように心理学がわかる本』（かんき出版）をはじめ多数あり、これまでの累計部数は310万部に及ぶ。

編集協力—星野友絵（silas consulting）

本当《ほんとう》の自分《じぶん》が見《み》えてくる 心理学入門《しんりがくにゅうもん》　〈検印廃止〉

2013年 11 月 7 日　第 1 刷発行
2021年 4 月 6 日　第 7 刷発行

著　者——渋谷　昌三Ⓒ
発行者——齊藤　龍男
発行所——株式会社かんき出版
東京都千代田区麴町4-1-4 西脇ビル　〒102-0083
電話　営業部：03(3262)8011㈹　編集部：03(3262)8012㈹
FAX　03(3234)4421　振替　00100-2-62304
http://www.kankidirect.com/

印刷所——シナノ書籍印刷株式会社

ISBN978-4-7612-6954-8 C0011